Gerina Dunwich

Das 1x1 der Hexenkunst

Gerina Dunwich

Das 1x1 der Hexenkunst

Alles über Kräuter, Träume und Magie für die Hexe von heute

Aus dem Amerikanischen übersetzt von Birgit Hahn-Hafez

mvg

Die Deutsche Bibliothek - CIP-Einheitsaufnahme

Dunwich, Gerina:
Das 1 x 1 der Hexenkunst : alles über Kräuter, Träume und Magie für die Hexe von heute / Gerina Dunwich. Aus dem Amerikan. übers. von Birgit Hahn-Hafez. – 3. Aufl. – Landsberg am Lech : mvg, 2001
(mvg-Paperbacks ; 08880)
Einheitssacht.: Wicca craft <dt.>
ISBN 3-478-08880-1

Ich widme dieses Buch in liebevoller Dankbarkeit meinem Zwilling-Geliebten und Seelengefährten Al B. Jackter, Barbara Jacobson für all ihre Liebe, ihr Lachen und ihre Freundschaft und meiner Mutter, einem dickköpfigen (aber liebevollen) Stier.

3. Auflage 2001
2. Auflage 2000
1. Auflage 1999

1. + 2. Auflage erschienen unter ISBN 3-478-08613-2

Titel der amerikanischen Originalausgabe: „Wicca Craft"
Aus dem Amerikanischen übersetzt von Birgit Hahn-Hafez.

Umschlaggestaltung: Vierthaler & Braun, München
Satz: Fotosatz H. Buck, Kumhausen
Druck- und Bindearbeiten: Ebner Ulm
Printed in Germany 08880/801202
ISBN 3-478-08880-1

Inhaltsverzeichnis

Der Ruf der Göttin

Erwache einer, erwachet alle
und höret den Ruf der Göttin erschallen.
Freut euch! Freut euch!
Erhebt eure Stimmen
und laßt unsere schöne Mutter Erde
mit Magie, Liebe und Fröhlichkeit sich füllen.
Laßt uns trinken.
Laßt uns singen.
Laßt uns glücklich feiern, die ganze Nacht!

aus *Circle of Shadows*
von Gerina Dunwich

Einführung

Wicca (eine andere Bezeichnung für moderne Hexenkunst) ist eine positive, schamanistische Naturreligion, in der zwei Hauptgottheiten in Hexenritualen verehrt und angebetet werden: die Göttin (der weibliche Aspekt und zugleich eine Gottheit, deren Ursprung auf die alte Muttergöttin zurückgeht in Ihrer dreifachen Erscheinungsform als Jungfrau, Mutter und weisen alten Frau) und Ihr Gefährte, der Gehörnte Gott (der männliche Aspekt). Die Namen der Gottheiten unterscheiden sich je nach Hexentradition. In einigen Traditionen werden auch verschiedene Namen verwendet, sowohl für die höheren als auch die niederen Gottheiten.

Wicca beinhaltet oft das Praktizieren verschiedener Formen von weißer Magie (in der Regel zum Zwecke der Heilung oder als Gegenmittel gegen Negativität) und ebenso Rituale, die ausgeführt werden, um sich selbst auf den natürlichen Rhythmus der Lebenskräfte einzustimmen, der durch die Mondphasen und die vier Jahreszeiten gekennzeichnet ist.

Wicca (vor allem im englischen Sprachraum auch „Craft of the Wise" oder manchmal nur „Craft" genannt) wird von vielen als eine sowohl monistische als auch pantheistische Religion betrachtet. Es ist ein Teil des wiederauflebenden modernen Paganismus (Heidentum) oder des Neo-Paganismus, was der von vielen bevorzugte Ausdruck ist.

„Die meisten Menschen, die sich heutzutage als Paganen bezeichnen, verwenden das Wort als eine allgemeine Bezeichnung für ursprüngliche und natürliche Religionen, die in der Regel polytheistisch sind, und deren Anhänger. In einfachen Worten: Es ist eine positive, naturnahe Religion, die brüderliche Liebe sowie Harmonie mit und Respekt vor allen Lebensformen predigt. Sie ist der Spiritualität der amerikanischen Ureinwohner sehr ähnlich. Ihre Ursprünge finden sich in der frühen Entwicklungsstufe menschlicher Religiosität: Tiergötter wurden nach und nach neu definiert und schließlich zu einem Hauptgott oder einer Hauptgöttin der gesamten Natur. Dieser Gott oder diese Göttin – die unterschiedliche Namen zu unterschiedlichen Zeiten und an unterschiedlichen Orten trugen – sind in fast allen historischen religiösen Systemen der Welt zu finden. Der Paganismus weder bekämpft noch verleugnet andere Religionen. Er ist einfach eine vorchristliche Glaubensform.

Die meisten Paganen stimmen mit vielen der folgenden allgemeinen Glaubensinhalten überein:

1. Göttlichkeit ist immanent oder innerlich und ebenso transzendent oder äußerlich. Dies drückt sich durch die Formulierungen „Du bist Gott“ und „Du bist Göttin“ aus.
2. Göttlichkeit kann sich ebensogut wie in männlicher auch in weiblicher Form manifestieren. Aus diesem Grund fühlen sich viele Frauen von diesem Glauben angezogen und schließen sich der geistigen Gemeinschaft an.
3. Es gibt eine Vielfalt von Göttern und Göttinnen, ob nun als einzelne Gottheiten oder als Facetten eines oder mehrerer Archetypen. Dies führt zu vielfach geschätzten logischen Systemen und einer größeren Toleranz gegenüber anderen Religionen.
4. Der Natur gebührt Respekt und Liebe, da sie aus ihrem eigenen Recht heraus göttlich ist. Ökologisches Bewußtsein und Einsatz für die Natur werden damit zu einer religiösen Pflicht.
5. Unzufriedenheit mit monolithischen religiösen Organisationen und Mißtrauen gegenüber Möchte-gern-Messias und Gurus. Dies macht es schwer, pagane Gemeinschaften

zu organisieren, selbst „zu ihrem eigenen Besten“, und führt zu ständigen Veränderungen und Wachstum in der Bewegung.

6. Die Überzeugung, daß menschliche Wesen dazu bestimmt sind, ein Leben voller Freude, Liebe, Vergnügen und Heiterkeit zu führen. Das traditionelle Konzept der westlichen Welt von Sünde, Schuld und göttlicher Strafe wird als Mißverständnisse der natürlichen Wachstumserfahrung angesehen.
7. Ein einfacher Satz ethischer und moralischer Grundsätze, der darauf basiert, anderen Menschen keinen Schaden zuzufügen. Einige Paganen erweitern diese Grundsätze auf alle Lebewesen und den Planeten als Ganzes.
8. Das Wissen, daß mit der richtigen Schulung und Absicht, der menschliche Geist und das menschliche Herz in der Lage sind, alle Zauber und Wunder zu vollbringen, die sie jemals benötigen könnten, und zwar durch den Einsatz von natürlichen psychischen Kräften, die jeder besitzt.
9. Die Wichtigkeit der Anerkennung der Sonnen-, Mond- und anderen Kreisläufe unseres Lebens und sie zu feiern. Dies führte zu der Erforschung und der Wiederbelebung vieler alter Bräuche sowie der Einführung von einigen neuen.
10. Ein Minimum an Dogmen und ein Maximum an Eklektizismus. Dies soll heißen: Paganen widerstrebt es, eine Idee anzunehmen, die sie nicht persönlich erforscht haben, sie sind aber bereit, jedes Konzept, das sie als hilfreich betrachten, zu übernehmen und einzusetzen, egal woher dieses stammt.
11. Ein starkes Vertrauen in die Fähigkeit von Menschen, ihre gegenwärtigen Probleme auf allen Ebenen, öffentlich und privat, zu lösen. Dies führt zu …
12. einer starken Verpflichtung zu persönlichem und globalem Wachstum, Entwicklung und Gleichgewicht. Von Paganen wird erwartet, daß sie ständig Bemühungen in diese Richtungen unternehmen.
13. Der Glaube, daß man sich durch die sorgfältig geplante Veränderung des eigenen Bewußtseins sehr weit auf dieses Ziel von Wachstum, Entwicklung und Gleichgewicht zube-

wegen kann, indem man sowohl alte als auch moderne Methoden zur Unterstützung der Konzentration, Meditation, Neuprogrammierung und Ekstase einsetzt.

14. Dem Wissen, daß die gegenseitige menschliche Abhängigkeit eine Kooperation der Gemeinschaften erfordert. Paganen werden dazu ermutigt, ihre Talente aktiv einzusetzen, um sich gegenseitig wie auch der Gemeinschaft insgesamt zu helfen.
15. Dem Bewußtsein, daß sie, wenn sie auch nur eines ihrer Ziele erreichen wollen, das praktizieren müssen, was sie predigen. Dies führt zu dem Ansinnen, seinen Lebensstil mit seinen proklamierten Überzeugungen in Einklang zu bringen."

(Aus einem Flugblatt für Nachbarn mit dem Titel *„Was in Himmels Namen geht dort drüben vor?"* Copyright 1989, Center for Non-Traditional Religion, genehmigter Abdruck. Für weitere Informationen siehe S. 196 im Kapitel „Pagane Zeitschriften", *Panegyria.*)

Die Hexenreligion besteht aus verschiedenen Sekten (oder „Traditionen"), wie zum Beispiel den Gardeners, Alexandristen, Dianisten, Tanisten, Georgiern, ethnischen Traditionalisten etc. Viele der Traditionen wurden in den 60er Jahren gebildet und eingeführt. Auch wenn sie unterschiedliche Rituale, Bräuche, Mythenzirkel und Symbole haben mögen, vertreten sie alle gemeinsame Grundsätze des Hexengesetzes.

Der Hauptgrundsatz der Hexenkunst ist der „Wiccan Rede", ein einfacher und wohlwollender Moralkodex, der wie folgt lautet: *Und schadet es niemandem, tu was du willst.* Oder in anderen Worten: Fühle dich frei, deine eigenen Sachen zu machen, vorausgesetzt, daß du auf keine Weise irgendeinen Schaden einem anderen zufügst – einschließlich dir selbst. (Es ist äußerst wichtig, den „Wiccan Rede" im Gedächtnis zu haben, bevor man irgendeinen magischen Zauber oder Rituale ausführt, besonders solche, die unmoralischer oder manipulativer Natur sind.)

Das Dreifache Gesetz (oder das Gesetz der Drei) ist eine karmische Gesetzmäßigkeit der dreifachen Vergeltung, die eintrifft, wann immer man etwas Gutes oder etwas Schlechtes tut. Wenn Sie zum Beispiel weiße Magie (oder positive Energie) einsetzen, um jemandem etwas Gutes zu tun, wird das Gute dreifach in Ihrem Leben auf Sie zurückfallen. Sollten Sie jedoch schwarze Magie verwenden (oder negative Energie), um anderen zu schaden, wird Sie das Schlechte oder „Böse" im Laufe Ihres Lebens ebenfalls dreifach treffen.

Die Anhänger der Hexenreligion nennt man Wiccas oder Hexen. Das Wort „Hexe" wird sowohl für männliche als auch weibliche Personen, die die Hexenkunst ausüben, verwendet. (Männliche Hexen werden auch selten, wenn überhaupt, als Warlocks bezeichnet. Das Wort „Warlock", das in den meisten Hexenzirkeln als Beleidigung betrachtet wird, leitet sich vom altenglischen *wearloga* her, was soviel bedeutet wie „Schwurbrecher". Diese Bezeichnung wurde von der christlichen Kirche abfällig für männliche Hexen verwendet.)

Obwohl Hexen stolz darauf sind, ein Teil der „Craft" zu sein, gibt es einige, die sich vehement gegen die Verwendung des Ausdrucks „Hexe" sträuben, weil sie fühlen, daß mit diesem Wort gewisse negative Begriffsinhalte verbunden werden und daß er zu viele bizarre Bilder und falsche Vorstellungen in den Köpfen derer aufwirbelt, die mit dem Hexenkult nicht vertraut sind und nur ungern akzeptieren, was sie nicht vollständig verstehen.

Da Wicca eine naturorientierte Religion ist, sind die meisten ihrer Mitglieder auf die eine oder andere Weise in der ökologischen Bewegung aktiv und befassen sich mit aktuellen Umweltfragen.

Wiccas akzeptieren nicht das willkürliche Konzept von angeborener Sünde oder des absolut Bösen, und sie glauben weder an einen Himmel noch an eine Hölle – bis auf die, die wir uns selbst schaffen.

Wiccas praktizieren keine schwarze Magie oder eine andere Form von „Bösem", sie beten weder den Teufel noch Dämonen noch andere finstere Wesen an; sie versuchen auch nicht, Anhänger anderer Glaubensrichtungen zum Paganismus zu bekehren. Wiccas respektieren alle anderen positiven Religionen und fühlen, daß ein Mensch den „Ruf der Göttin" hören und sich wirklich im Innersten seines Herzens wünschen muß, ohne Einflüsse von außen oder Bekehrungseifer, dem Wicca-Pfad zu folgen.

Viele Hexen nehmen einen oder mehrere Geheimnamen an (auch bekannt als „Eke-Namen"), um ihre spirituelle Wiedergeburt und ihr neues Leben innerhalb des Wicca-Kults deutlich zu machen. Eke-Namen sind heilig und werden nur unter Brüdern und Schwestern des selben Pfades verwendet. Wenn eine Hexe einen neuen Namen annimmt, muß sie oder er diesen äußerst sorgfältig auswählen. Er muß auf die eine oder andere Weise mit den numerologischen Namenszahlen, den Zahlen des Geburtsdatums oder Runenzahlen harmonieren. Ein gut ausgewählter Name schwingt mit der Person und verbindet diese direkt mit der „Kraft".

Viele Hexen arbeiten in kleinen Gruppen zusammen, die man als Konvente bezeichnet. Der Konvent (der aus bis zu 13 Personen bestehen kann) wird von einer Hohenpriesterin und/oder einem Hohenpriester geleitet. Er versammelt sich, um die Göttin anzubeten, mit Magie zu arbeiten sowie um Sabbat- und Esbat-Zeremonien durchzuführen. Der Ort, an dem sich der Konvent trifft, ist der Versammlungsort.

Es gibt auch Hexen, die alleine arbeiten, entweder aus eigenem Wunsch oder der Umstände halber.

Hexen feiern jedes Jahr acht Feste, Sabbate genannt, die die Wechsel der Jahreszeiten markieren. Es gibt vier große Sabbate und vier kleine. Die großen Sabbate sind: Lichtmeß (21. Februar), Beltane (Maifest), Lammas (Petri Kettenfeier, 1. August) und Samhain (1. November). Die kleinen Sabbate sind: Frühjahrs-Tagundnachtgleiche, Sommersonnwende, Herbst-Tagundnachtgleiche und Wintersonnwende. (Wie diese Feste gefeiert werden, wird ausführlich in Kapitel 2 behandelt.)

Der Esbat ist eine monatliche Versammlung des Konvents, die mindestens 13mal jährlich während der Vollmondphasen abgehalten wird. Beim Esbat werden zwischen den Hexen Ideen ausgetauscht, Probleme diskutiert, spezielle Riten vollzogen, Magie und Heilung ausgeübt sowie der Göttin und dem Gehörnten Gott gedankt. Beim Esbat findet auch eine traditionelle „Kuchen und Wein" – oder „Kuchen und Ale" (engl. Biersorte) – Zeremonie statt. Während dieser Zeremonie werden gesegnetes Essen und Getränke serviert, und die Konventmitglieder nehmen sich Zeit zum Entspannen und für Gespräche über wichtige Themen aus der Magie. (Die „Kuchen und Wein" – oder „Kuchen und Ale" – Zeremonie ist traditioneller Brauch, wann immer ein Wicca-Ritual durchgeführt und ein Kreis gezogen wird.)

Innerhalb eines Konvents wird die Göttin von der Hohenpriesterin verkörpert und der Gehörnte Gott durch den Hohenpriester. Die Göttin ist unter verschiedenen Namen bekannt. Häufig heißt sie Diana, Ceridwen, Freya, Isis, Ishtar, die Herrin, oder sie trägt irgendeinen anderen Namen, für den sich ein Konvent entschieden hat oder bei dem eine Hexe fühlt, daß dieser den eigenen mythisch-poetischen Vision entspricht.

Die Göttin ist das weibliche Prinzip. Sie steht für Fruchtbarkeit, Schöpfung, die erneuernden Kräfte der Natur und für Weisheit. Ihr Symbol ist der Mond. In Kunstwerken wird Sie oft mit drei Gesichtern dargestellt – jedes steht für eine andere Mondphase. In Ihrer Neumondphase ist Sie die Jungfrau; in Ihrer Vollmondphase ist Sie die Mutter; in Ihrer abnehmenden Mondphase ist Sie die weise alte Frau.

Der Gehörnte Gott ist die phallische Gottheit der Fruchtbarkeit und der intellektuellen Kreativität, den die Kräfte des zu- und abnehmenden Halbmondes symbolisieren. In der Regel wird er als zottiger, bärtiger Mann mit Hufen und den Hörnern einer Ziege dargestellt. Er ist ein Gott der Natur und das männliche Gegenstück zum Bild der Göttin. In der Frühzeit wurde Er als der Gehörnte Jagdgott verehrt.

Wie die Göttin trägt auch der Gehörnte Gott viele unterschiedliche Namen. In einigen Hexen-Traditionen heißt Er Cernunnos, der lateinische Ausdruck für „der Gehörnte“, in anderen ist Er bekannt als Pan, Wodan oder unter anderen Namen.

Die Verehrung der Göttin und des Gehörnten Gottes symbolisiert den Hexenglauben, daß alles, was im Universium existiert, in Gegensätze aufgeteilt ist: weiblich und männlich, negativ und positiv, Licht und Dunkelheit, Leben und Tod, Yin und Yang – das Gleichgewicht der Natur.

In einigen Wicca-Traditionen wird die Göttin während der Frühjahrs- und Sommersabbate verehrt, da Sie die Fruchtbarkeit der Erde in der Zeit des Wachstums symbolisiert, und der Gehörnte Gott in den Herbst- und Wintersabbaten, da er für die dunkle Hälfte des Jahres steht.

Andere Wicca-Traditionen beten die Göttin in Ihren unterschiedlichen Aspekten im Jahresverlauf an und feiern die Geburt (tatsächlich die Wiedergeburt) des Gehörnten Gottes am Wintersonnwende-Sabbat, Sein Heranwachsen, Seine Pubertät und Maturität in den Frühjahrs-, Sommer- und Herbst-Sabbaten und Sein Ableben am Samhain-Sabbat. Nach Seinem Tod, sagt man, kehrt Sein Geist in den göttlichen Schoß der Muttergöttin zurück, bis zur kommenden Wintersonnwende, wenn Er aufs neue wiedergeboren wird. Der alte mythische Kreislauf von Geburt – Tod – Wiedergeburt wiederholt sich jedes Jahr.

Der Gehörnte Gott wurde von fast allen Kulturen seit dem Altertum verehrt. Die römisch-katholische Kirche hat jedoch in ihrem Bestreben, die Anbetung des alten heidnischen Gottes der Jagd und der Fruchtbarkeit auszulöschen, Ihn zu ihrem Symbol für das Böse pervertriert und Ihn den Teufel genannt.

[illegible]

[illegible] Sommer und Herbst [illegible]

[illegible]

[illegible]

KAPITEL 1:

Hexenkult: Vergangenheit und Gegenwart

Hexenkult und der Teufel

Die spirituellen Wurzeln des Hexenkults lassen sich bis in die Altsteinzeit zurückverfolgen, als Naturgottheiten überall auf der Welt verehrt wurden. Durch den Einfluß des Christentums, die Anti-Hexen-Propaganda der Kirche und die Veränderung der Volksbräuche wurden jedoch aus den paganen Priestern und Priesterinnen der Frühzeit die bösen Zauberer und Hexen des Mittelalters. Und wie sich historisch belegen läßt, ist es nicht ungewöhnlich, wenn die Götter und Göttinnen einer Religion zu den Teufeln und Dämonen der nächsten degradiert werden. Dies zeigt sich deutlich am Beispiel der Alten Religion und des Christentums.

Aufgrund der absichtlichen Fehldarstellungen, die durch das Christentum, die Nachrichtenmedien, Horrorfilme, Talkshows und so weiter verbreitet wurden, denken viele falsch informierte Menschen, die mit den tatsächlichen Praktiken und der Philosophie des Hexenkults nicht vertraut sind, daß alle Hexen schlecht seien. (Manche sind sogar der Ansicht, daß es heutzutage in unserer Zeit überhaupt keine Hexen mehr gäbe.) Auch glaubt eine große Anzahl von Leuten, die entweder Opfer von Unwissenheit und/oder religiöser Gehirnwäsche geworden sind, daß Hexen oder moderne Paganen sich auf die ein oder andere Weise mit dem Satanskult befassen und den alten Göttern oder dem christlichen Teufel Blutopfer darbringen. Dies ist absurd und alles andere als wahrheitsgemäß! Wiccas befürworten weder Menschen-

noch Tieropfer noch das Töten irgendeines Lebewesens als Opfergabe für irgendeine Gottheit. Was die Verbindung zwischen Hexen und Satanismus betrifft, kann gesagt werden, daß richtige Hexen weder den Teufel anbeten, noch ihre Kraft von ihm erhalten, einen Pakt mit ihm eingehen oder ihm ihre Seele verkaufen. Tatsächlich erkennen Hexen nicht einmal die Existenz des Teufels, wie er von der christlichen Religion definiert wird, an!

Der Teufel ist ein antiheidnisches Propaganda-Mittel, das von der christlichen Kirche erfunden wurde. Er (oder passender „es“) existierte in keiner schriftlichen Überlieferung vor dem Neuen Testament. Der Hexenkult ist eine vorchristliche Religion, die es schon viel länger gibt als die Kirche oder ihre Vorstellungen vom Satan, der nie als eine Gottheit der Alten Religion angebetet wurde. Der Teufel ist ein Teil des christlichen Glaubenssystems und nicht der naturliebenden Erd-Religion des Wicca.

Die brennenden Zeiten

Nachdem sich die christliche Kirche formiert hatte und an die Macht gekommen war, wurden die Bräuche der Paganen als eine Bedrohung für das neugegründete religiöse System betrachtet und die Verehrung der Götter der Alten Religion verboten. Neue religiöse Feiertage der Kirche verdrängten die alten heidnischen Feste, und die alten Götter der Natur und der Fruchtbarkeit wurden in böse Dämonen und Teufel verkehrt. (Die patriarchalische Kirche machte sogar aus vielen weiblichen Paganen-Gottheiten böse, *männliche* Dämonen, nicht nur um die Gottheiten der Alten Religion zu beschmutzen, sondern auch, um die Tatsache auszulöschen, daß der weibliche Aspekt jemals Gegenstand von Anbetung war.)

Im Jahr 1233 setzte Papst Gregor IX das römisch-katholische Tribunal, bekannt als die Inquisition, ein, um die Ketzerei zu unterdrücken. 1320 erklärte die Kirche (auf Veranlassung von Papst Johannes XXII) den Hexenkult und die Alte Religion der Paganen offiziell als eine ketzerische Bewegung und eine „feindliche Bedrohung" für das Christentum. Hexen wurden damit zu Ketzern, und die Verfolgung aller Paganen breitete sich wie ein Lauffeuer über Europa aus. (Interessant ist, daß bevor jemand als Ketzer bezeichnet werden kann, er oder sie zuerst Christ gewesen sein muß – und Paganen *waren* nie Christen. Sie waren immer *Paganen.*)

Hexen (zusammen mit zahllosen „unschuldigen" Männern, Frauen und Kindern, die *keine* Hexen waren) wurden verfolgt, grausam gefoltert, oft sexuell belästigt oder vergewaltigt und danach exekutiert von sadistischen, blutdürstigen Kirchenautoritäten, die lehrten, das ihr Gott ein Gott der Liebe und des Mitgefühls sei.

In England wurde die Hexenkunst im Jahre 1541 zu einem Vergehen erklärt und 1604 ein Gesetz erlassen, das die Todesstrafe für Hexen und Paganen anordnete. 40 Jahre später wurde auch in den 13 amerikanischen Kolonien der Tod als Strafe für das „Verbrechen" der Hexenkunst gesetzlich eingeführt. Im späten 17. Jahrhundert hielten sich die Anhänger, die der Alten Religion treu geblieben waren, versteckt, und der Hexenkult wurde somit zu einer geheimen Untergrund-Religion, nachdem in Europa etwa eine Million Menschen getötet und mehr als 30 in Salem, Massachusetts, im Namen des Christentums verurteilt worden waren.

Obwohl die niederträchtigen Salemer Hexenprozesse von 1692 die am besten erinnerten und dokumentierten in der Geschichte der Vereinigten Staaten von Amerika sind, erfolgte die erste Erhängung einer Hexe in Neuengland bereits im Jahre 1647 in Connecticut, 45 Jahre vor der Hexenhysterie, die über die Stadt Salem hereinbrach. Vor Salem ereigneten sich noch weitere Exekutionen in Providence, Rhode Island, im Jahre 1662.

Die verbreitetste Methode zur Ausrottung der Hexen in Neuengland war der Galgen. In Europa war es das Verbrennen auf dem Scheiterhaufen. Es gab auch andere Methoden wie Erwürgen, Ertränken, Enthaupten und Vierteilen.

260 Jahre, die auf die letzte Hexenexekution folgten, hielten die Anhänger der Alten Religion ihre paganen Bräuche hinter dem Schleier der Geheimhaltung versteckt. Erst als die letzten Gesetze gegen den Hexenkult in England schließlich aufgehoben wurden, kamen 1951 die Hexen und Paganen offiziell wieder aus der Besenkammer hervor.

Die Befreiung der Hexen

Die stereotype Hexe – eine häßliche, böse, besenreitende, alte Vettel, die Kinder frißt und Menschen mittels schwarzer Magie in Kröten verwandelt – ist ein äußerst negatives Bild, für das in erster Linie viele Kindermärchen und Horrorfilme aus Hollywood verantwortlich sind. Viele Hexen sind dies leid und wütend über diese erniedrigenden, immer wiederkehrenden Darstellungen. Sie kämpfen gegen die Diffamierung der Hexen und des Hexenkults, indem sie an die Öffentlichkeit gehen, in Seminaren sprechen, Bücher schreiben (wie das, das Sie gerade lesen) und gegen Filme, Fernsehshows, Bücher und andere Dinge protestieren, in denen Hexen negativ portraitiert und dadurch diese stereotypen Bilder noch verstärkt werden. Viele Hexen kämpfen auch gerichtlich für ihre konstitutionellen Rechte und bringen zahlreiche Fälle von religiöser Diskriminierung und Verleumdung vor Gericht.

Die Hexen-Befreiungsbewegung (die sich aus Frauen und Männern vieler Ethnien und aus allen sozialen Schichten zusammensetzt) hat in den letzten zehn Jahren große Fortschritte erzielt. In den USA bieten heute zahlreiche Colleges und Fernstudienakademien Kurse zu Wicca und okkulter Philosophie an. Wicca-Support-Groups, Netzwerke, Antidiskriminierungs-Ligen und Newsletters sind überall im Land entstanden, und Wicca-Kirchen und Konvente werden in vielen Bundesstaaten der USA als legitime Religionsgruppen mit einem steuerfreien Status anerkannt. Die US-Streitkräfte kennen Wicca nun als eine gültige Religion, und viele Christen (einschließlich Priestern) haben Wicca öffentlich als eine „positive Erd-Religion" verteidigt.

Der Hexenkult (der nach der Ausbreitung des Christentums die offizielle Bezeichnung „die Alte Religion" erhielt), hat seit seinen ersten Tagen schon einen langen Weg zurückgelegt. Der harte Kampf für Religionsfreiheit und soziale Akzeptanz ist jedoch noch lange nicht beendet oder ausgestanden. Viele Hexen werden immer noch an ihren Arbeitsplätzen oder in ihren Gemeinden aufgrund ihres nicht-christlichen Glaubens diskriminiert. Manche Kinder von Hexen-Eltern müssen ihre Religion geheimhalten, weil sie ansonsten Schikanen ausgesetzt wären oder einen Schulausschluß riskieren würden. Vereinzelt gibt es auch Fälle von körperlicher Gewalt gegen Wiccas, und in vielen Teilen der Welt (einschließlich einiger Teile der Vereinigten Staaten, überraschenderweise) verbietet es immer noch das Gesetz, Magie, Wahrsagung oder Zukunftsdeutung auszuüben. Zum Beispiel ist in New York und einigen anderen Staaten der USA jede Art der Wahrsagerei für Geld illegal, und seit 1915 gibt es im Staat Connecticut ein lächerliches Antiokkultismus-Gesetz, das jede Art von okkulter Aktivität als rechtswidrig bezeichnet, egal, ob Geld im Spiel ist oder nicht. In einigen Staaten ist es sogar ungesetzlich, zuzugeben, daß man übersinnliche Kräfte besitzt (die, ob nun entwickelt oder nicht, alle menschlichen Wesen haben).

In zahlreichen Gefängnissen der USA haben Insassen, die die alten Bräuche ausüben, seit langem große Probleme durch ihren Glauben. Die Verfassung der Vereinigten Staaten schützt angeblich das Recht jedes einzelnen auf seinen religiösen Glauben und dessen Ausübung, jedoch gibt es viele Mitarbeiter in den verschiedenen Vollzugsanstalten, die die Post zensieren, wenn irgend etwas nach Hexenkult aussieht, wie zum Beispiel pagane Newsletter, Bücher oder Unterrichtsmaterialien von Wicca-Fernstudienakademien. Es gab sogar Fälle, in denen paganen Gefängnisinsassen das Recht verwehrt wurde, Hexenschmuck zu tragen.

Das neue Zeitalter des Hexenkults

Für die Hexen der ganzen Welt ist endlich die Zeit gekommen, sich zu vereinigen! Seid stolz! Seid glücklich! Seid stark! Seid zufrieden, den Mut zu haben, einem Pfad zu folgen, der keinem anderen auf der Welt gleicht. Laßt euch trösten durch die Gewißheit, daß ihr nicht allein seid. Und am wichtigsten: Habt keine Angst aufzustehen und für eure verfassungsmäßigen Rechte zu kämpfen. Du bist ein Mensch, der ein gesetzlich garantiertes Recht darauf hat, die Göttin und den Gott Deiner Wahl anzubeten.

Gesegnet seien die Kinder
des neuen Zeitalters,
da alles, was durch die Hand
der Göttin erschaffen wurde,
ihnen gehören wird,
für alle Ewigkeit.

aus *Circle of Shadows*
von Gerina Dunwich (1990)

KAPITEL 2:

Sabbat-Feste

Die acht Sabbate, die jedes Jahr von Hexen-Konventen sowie den allein praktizierenden Hexen gefeiert werden, sind wunderschöne religiöse Zeremonien, die auf uralte Feste zurückgehen, mit denen der Wechsel der Jahreszeiten gefeiert wurde.

Die Sabbate, ebenfalls bekannt als das „Große Sonnenrad des Jahres“ und das „Mandala der Natur“ wurden auf unterschiedliche Art und Weise von fast allen Kulturen der Erde gefeiert. Sie sind unter verschiedenen Namen bekannt und reich an Mythologie.

Die vier Haupt- (oder großen) Sabbate entsprechen dem alten gälischen Jahr und sind bekannt als Lichtmeß, Beltane, Lammas und Samhain. Die vier kleineren Sabbate sind: Frühjahrs-Tagundnachtgleiche, Sommersonnwende, Herbst-Tagundnachtgleiche und Wintersonnwende.

Im Gegensatz zu der Vorstellung, die viele Leute von einem Hexensabbat haben, versammeln sich hier keine Hexen um Orgien zu veranstalten, böse Zauber auszusprechen oder alle Arten von unheimlichen Tränken zusammenzubrauen. (An einem Hexensabbat wird nur selten, wenn überhaupt, Magie ausgeübt.)

Der Sabbat ist leider auch mit der satanischen „Schwarzen Messe“ oder dem „Schwarzen Sabbath“ verwechselt worden, was ein weiteres Beispiel für das falsche Bild vieler Menschen vom Hexenkult ist, das aufgrund von mehreren hundert Jahren antipaganer Kirchenpropaganda, Furcht, Unwissenheit und den übertriebenden Phantasien von Schriftstellern entstanden ist.

Eine Schwarze Messe ist kein Hexensabbat. Es ist eine satanische Kulthandlung, die das Hauptritual der katholischen Kirche parodiert und angeblich die Opferung ungetaufter Säuglinge, perverse Sexorgien und das Rückwärtsaufsagen des Vaterunsers beinhaltet.

Nichts in dieser Art findet bei den Hexensabbaten statt. Es gibt keine Opfer (weder menschliche noch tierische), keine schwarze Magie und keine antikatholischen Rituale. Bei den Sabbaten feiern die Hexen lediglich die Natur, sie tanzen, singen, genießen traditionelles paganes Essen und ehren die Gottheiten der Alten Religion – hauptsächlich die Göttin der Fruchtbarkeit und Ihren Gefährten, den Gehörnten Gott. In einigen Wicca-Traditionen wird die Göttin an den Frühjahrs- und Sommer-Sabbaten verehrt, während der Gehörnte Gott bei den Herbst- und Winter-Sabbaten gefeiert wird.

Das Feiern jedes einzelnen Sabbats ist ein intensives, großartiges, spirituelles Erlebnis, das es den Wiccas erlaubt, ein harmonisches Gleichgewicht mit den Kräften von Mutter Natur herzustellen.

Die Daten, zu denen die acht Hexensabbate gefeiert werden, sind:

Der *Lichtmeß-Sabbat* (auch bekannt als Imbolc, Oimelc und Lady Day) wird am 2. Februar gefeiert.

Der *Frühjahrs-Tagundnachtgleiche-Sabbat* (auch als Frühlingsäquinoktium, Fest der Bäume, Alban Eilir, Ostara und Eosar-Ritus bezeichnet) wird am ersten Frühlingstag (Frühlingsanfang) zelebriert.

Die Feier des *Beltane-Sabbat* (auch bekannt als Maifest, Rood Day, Rudemas und Walpurgisnacht) findet in der Nacht zum 1. Mai und am 1. Mai statt.

Der *Sommersonnwende-Sabbat* (ebenfalls bekannt als Mittsommer, Alban Hefin und Litha) wird am ersten Sommertag (Sommeranfang) gefeiert.

Der *Lammas-Sabbat* (auch Lughnasadh, August-Vorabend, das Erste Erntefest genannt) wird am 1. August gefeiert.
Der *Herbst-Tagundnachtgleiche-Sabbat* (auch bekannt als Herbst-Sabbat, Alban Elfed und das Zweite Erntefest) findet am ersten Herbsttag (Herbstanfang) statt.
Die Feier des *Samhain-Sabbat* (auch als Halloween, Abend vor Allerheiligen, Allerheiligen, Feier der Toten, das Dritte Erntefest bezeichnet) wird am 31. Oktober gefeiert.
Der *Wintersonnwende-Sabbat* (auch bekannt als Julfest, Winterfest, Mittwinter und Alban Arthan) wird am ersten Wintertag (Winteranfang) abgehalten.

(*Anmerkung*: Die astronomischen Daten der vier kleineren Sabbate ändern sich jedes Jahr. Um den genauen Termin für jedes Fest herauszufinden, sehen Sie bitte in einem astrologischen Kalender oder in einem anderen aktuellen Kalender nach, in dem die exakten Daten für die Tagundnachtgleichen und die Sonnwenden angegeben sind.)

Lichtmeß ist ein Feuerfest, bei dem das Kommen des Frühlings gefeiert wird. Die Göttin, die bei diesem Fest angerufen wird, ist Brigit, die keltische Göttin des Feuers, der Weisheit, Dichtung und heiligen Brunnen. Sie wird ebenfalls mit Prophezeiung, Wahrsagung und Heilung in Verbindung gebracht.

Dieser Sabbat steht auch für Neubeginn und spirituelles Wachstum. Das „Auskehren des Alten“ wird symbolisiert durch das Kehren des Kreises mit einem Reisigbesen oder einem Hexenbesen. Dies macht traditionellerweise die Hohepriesterin des Konvents, die eine leuchtende Krone aus 13 Kerzen auf ihrem Haupt trägt.

Früher wurde Lichtmeß in Europa mit einem Fackelzug gefeiert, um die Felder vor der Aussaat zu reinigen und fruchtbar zu machen sowie den entsprechenden Gottheiten und Geistern zu danken.

Bei der christianisierten Version der Lichtmeß-Prozession wird die Jungfrau Maria verehrt, und in Mexiko entspricht dieses Fest dem Neujahr der Azteken.

Das traditionelle Essen der Paganen am Lichtmeß-Sabbat besteht aus Speisen, die Wachstum symbolisieren, wie Samen (z.B. Kürbis, Sesam, Sonnenblume), Mohnbrot und -kuchen sowie Kräutertees.

Der Sabbat zur **Frühjahrs-Tagundnachtgleiche** ist ein Fruchtbarkeitsfest, bei dem die Geburt des Frühlings und das Wiedererwachen des Lebens gefeiert werden. An diesem heiligen Tag zünden die Hexen bei Sonnenaufgang Feuer an, frohlocken, lassen Glocken erklingen und dekorieren hartgekochte Eier – ein alter paganer Brauch im Zusammenhang mit der Fruchtbarkeitsgöttin.

Eier, ein offensichtliches Symbol für Fruchtbarkeit und Fortpflanzung, wurden in alten Fruchtbarkeitsriten verwendet. Sie wurden mit verschiedenen magischen Symbolen bemalt und dann ins Feuer geworfen oder in der Erde vergraben als Opfergabe für die Göttin. In einigen Teilen der Welt wurden die Frühjahrsäquinoktium-Eier gelb oder gold gefärbt (heilige Sonnenfarben) und in Ritualen zur Ehre des Sonnengottes verwendet.

Die Aspekte der Göttin, die bei diesem Sabbat angerufen werden, sind Eostar (die angelsächsische Göttin der Fruchtbarkeit) und Ostara (die germanische Göttin der Fruchtbarkeit). In einigen Hexentraditionen sind die Grüne Göttin und der Herr der Grünen Wälder die Fruchtbarkeitsgottheiten, die an diesem Tag angebetet werden.

Wie die meisten der alten Paganenfeste wurde auch die Frühjahrs-Tagundnachtgleiche von der Kirche christianisiert und zum religiösen Osterfeiertag, an dem die Auferstehung Jesus Christus gefeiert wird.

Ostern (das nach der germanischen Fruchtbarkeitsgöttin Ostara benannt wurde) erhielt erst gegen Ende des Mittelalters offiziell diesen Namen.

Bis heute wird der Ostersonntag nach dem alten Mondkalendersystem bestimmt, das diesen Feiertag auf den ersten Sonntag nach dem ersten Vollmond zur oder auf die Frühjahrs-Tagundnachtgleiche folgend festlegt. (Dies kennzeichnete offiziell die „schwangere" Phase der Dreifachen Göttin beim Übergang in die fruchtbare Jahreszeit.)

Das Osterfest, wie fast alle religiösen christlichen Feiertage, enthält eine Vielzahl von paganen Bräuchen und Traditionen, wie zum Beispiel die Ostereier und der Osterhase. Wie bereits erwähnt, sind Eier uralte Symbole für Fruchtbarkeit sowie Opfergaben für die Göttin der Paganen. Der Hase war ein Symbol für Wiedergeburt und Auferstehung und als heiliges Tier vielen Mondgöttinnen zugeordnet, sowohl in westlichen als auch in östlichen Kulturen, einschließlich der Göttin Ostara, deren Begleiter ein Hase war.

Die traditionellen Speisen zur Frühjahrs-Tagundnachtgleiche sind hartgekochte Eier, Honigkuchen, die ersten Früchte der Saison und Milchpunsch. In Schweden ißt man Waffeln als traditionelles Frühlingsgericht.

Der **Beltane-Sabbat** hat seinen Ursprung in einem alten druidischen Feuerfest, bei dem die Vereinigung der Göttin mit Ihrem Gefährten, dem Gehörnten Gott, zelebriert wird. Er ist somit ebenfalls eine Fruchtbarkeitsfeier. (In der Alten Religion beinhaltete das Wort „Fruchtbarkeit" den Wunsch, gößere Erträge von den Feldern und Höfen zu erhalten und keine erotischen Aktivitäten per se.)

An Beltane wird auch die Rückkehr der Sonne (oder des Sonnengottes) gefeiert. Es ist eines der wenigen Paganenfeste, das größtenteils in seiner ursprünglichen Form seit der vorchristlichen Zeit bis in die Gegenwart erhalten geblieben ist. Bestimmte Bestandteile basieren auf Floralia, einem altrömischen Naturfest, das Flora, der heiligen Göttin der Blumen, gewidmet war. In noch früheren Zeiten war dieses Fest Pluto geweiht, dem römischen Herrscher der Unterwelt, dem Hades in der griechischen Mythologie entspricht. Am 1. Mai verbrannten die alten Römer Weihrauch und Salomonssiegel und hängten Kränze aus Wildblumen an ihre Altäre für die Schutzgeister, die über ihre Familien wachten und diese beschützten.

Am Beltane-Tag steht die Sonne im astrologischen Zeichen Stier, was den „Tod" des Winters und die „Geburt" des Frühlings sowie den Beginn der Saat- und Pflanzzeit anzeigt.

Beltane beginnt mit dem traditionellen Entzünden der Beltane-Freudenfeuer bei Mondaufgang am Vorabend des 1. Mai, um dem Sommer den Weg zu erhellen. Dann folgt ein Sabbat-Ritual zu Ehren der Göttin und des Gehörnten Gottes und danach wird mit einem Festmahl, alten paganen Spielen, Gedichten und dem Singen heiliger Lieder die Natur gefeiert. Den Elementargeistern werden verschiedene Opfergaben dargeboten, und die Konventmitglieder tanzen ausgelassen im Uhrzeigersinn um einen geschmückten Maibaum (ein phallisches Fruchtbarkeitssymbol). Sie flechten leuchtende Bänder zusammen, um die Vereinigung des Männlichen und Weiblichen zu symbolisieren und die Zeugungskraft des Gehörnten Gottes zu feiern. Das ausgelassene und fröhliche Feiern dauert bis in die frühen Morgenstunden, und bei Tagesanbruch, am 1. Mai, werden Tautropfen von Gras und Wildblumen gesammelt, um sie in mystische Glückstränken zu verwenden.

Die traditionellen Paganenspeisen des Beltane-Sabbats sind rote Früchte (wie Kirschen und Erdbeeren), Kräutersalate, Punsch aus Rot- oder Roséwein und große, runde Hafermehl- oder Gerstenkuchen, bekannt als Beltane-Kuchen.

Zu Zeiten der alten Druiden wurden die Beltane-Kuchen in gleichmäßig große Stückchen aufgeteilt, verlost und als Bestandteil der Sabbat-Feier verzehrt. Ein Stück des Kuchens wurde vor der Zeremonie mit Holzkohle geschwärzt. Derjenige, der das Pech hatte, das „schwarze Stückchen" zu ziehen, wurde „Beltane carline" genannt und als Opfer in das lodernde Beltane-Freudenfeuer geworfen.

Im schottischen Hochland werden Beltane-Kuchen für Weissagungen verwendet und oftmals kleine Stückchen davon als Opfergabe für die Schutzgeister und Gottheiten in das Beltane-Feuer geworfen.

Die **Sommersonnwende** (in Europa auch bekannt als Johannistag) markiert den längsten Tag im Jahr, an dem die Sonne in ihrem Zenit steht. Für Hexen und Paganen symbolisiert dieser heilige Tag die Kraft der Sonne. Dieser Tag ist ein wichtiger Wendepunkt im Großen Sonnenrad des Jahres, da die Tage nach der Sommersonnwende sichtlich kürzer werden.

In einigen Wicca-Traditionen symbolisiert die Sommersonnwende das Ende der Herrschaft des Eichen-Königs über die erste Jahreshälfte, in der die Tage länger werden. Dieser wird nun ersetzt durch seinen Nachfolger, den Stechpalmen-König, den Herrscher über die zweite Jahreshälfte. (Der Stechpalmen-König regiert bis zum Wintersabbat am Julfest, dem kürzesten Tag des Jahres.)

Die Sommersonnwende ist für Hexen traditionell der Zeitpunkt, an dem sie magische Kräuter für Zauber und Tränke ernten, da man glaubt, daß die den Kräutern eigenen Kräfte an diesem Tag am stärksten sind. Es ist die beste Zeit für Weissagungen, Heilungsrituale und das

Schneiden von Wünschelruten und Zauberstäben. Am Vorabend zur Sommersonnwende sind auch alle Arten von Magie (vor allem Liebesmagie) besonders wirkungsvoll, und man glaubt, daß alles, was jemand in dieser Nacht träumt, für den Träumenden in Erfüllung gehen wird.

Die traditionellen paganen Speisen für den Sabbat der Sommersonnwende sind frisches Gemüse, Früchte des Sommers, Pumpernickel-Brot, Ale und Fleisch.

Lammas ist das erste Erntefest. An diesem Sabbat (der den Beginn der Erntezeit anzeigt und dem Brot gewidmet ist) danken die Hexen den Göttern für die Ernte (häufig mit verschiedenen Opfergaben für die Gottheiten, um die weitere Fruchtbarkeit des Landes sicherzustellen). Sie ehren den Fruchtbarkeitsaspekt in der heiligen Vereinigung der Göttin mit Ihrem Gefährten, dem Gehörnten Gott.

Ursprünglich wurde Lammas von den alten Druiden als das Fest von Lughnasadh gefeiert. Sie führten an diesem Tag Schutzrituale durch und huldigten Lugh, dem keltischen Sonnengott. In anderen vorchristlichen Kulturen wurde Lammas als Kornfest und zur Würdigung des Todes des Heiligen Königs gefeiert.

Das Binden von Kornpuppen (kleine Figuren aus geflochtenem Stroh) ist ein alter paganer Brauch, der von vielen heutigen Hexen als ein Bestandteil der Sabbat-Riten an Lammas fortgeführt wird. Die Kornpuppen (manchmal auch „Kirn-Babys" genannt) werden als Symbol für die Muttergöttin der Ernte auf den Sabbat-Altar gelegt. Es ist Brauch, an jedem Lammas eine neue Kornpuppe anzufertigen (oder zu kaufen) und dann die alte vom Vorjahr als Glücksbringer zu verbrennen.

Die traditionellen paganen Speisen am Lammas-Sabbat sind selbstgemachte Brote (Weizen-, Hafer- und vor allem Kornbrot), Gerstenkuchen, Nüsse, Wildbeeren, Äpfel, Reis, Lammbraten, Obstkuchen, Holunderbeerwein, Ale und Mädesüßtee.

Der Sabbat zur **Herbst-Tagundnachtgleiche** ist das zweite Erntefest. An diesem Tag wird die Beendigung der Getreideernte gefeiert, die an Lammas begann. Es ist ebenfalls eine Zeit für Dankgebete, Meditationen und Innenschau.

An diesem heiligen Tag weihen sich die Hexen aufs neue dem Kult, und Initiationszeremonien werden von den Hohenpriesterinnen und -priestern der Hexenkonvente durchgeführt.

In vielen Wicca-Traditionen wird ein spezieller Ritus für die Göttin Persephone und deren Abstieg in die Unterwelt als Bestandteil der Feierlichkeiten zum Herbstäquinoktium abgehalten. Entsprechend den alten Mythen begegnete Hades (der griechische Gott der Unterwelt) am Tag der Herbst-Tagundnachtgleiche Persephone, die gerade dabei war, Blumen zu pflücken. Er war so überwältigt von ihrer jugendlichen Schönheit, daß er sich sofort in sie verliebte. Hades ergriff und vergewaltigte Persephone und verschleppte sie dann in seinem Streitwagen in die Dunkelheit seines Reiches, wo sie für ewig an seiner Seite als unsterbliche Königin der Unterwelt regieren sollte. Die Göttin Demeter suchte überall nach ihrer entführten Tochter. Als sie Persephone nicht finden konnte, wurde ihre Trauer so groß, daß sie die Blumen und Bäume verwelken und absterben ließ. Die großen Götter des Olymps verhandelten daraufhin über die Rückkehr der Persephone. Doch während sie im Hades war, wurde sie dazu verleitet, den kleinen Samen eines Granatapfels zu essen, und deshalb mußte sie fortan und für alle Zeit die Hälfte eines jeden Jahres mit Hades in der Unterwelt verbringen.

Die traditionellen paganen Speisen am Sabbat der Herbst-Tagundnachtgleiche sind Korn- und Weizenprodukte, Brot, Nüsse, Gemüse, Äpfel, Wurzeln (z.B. Karotten, Zwiebeln, Kartoffeln), Apfelmost und Granatäpfel (um Persephones Reise in das dunkle Reich der Unterwelt zu segnen).

Samhain („sow-en" ausgesprochen) ist der wichtigste der acht Hexensabbate. Als Halloween ist er außerhalb der Hexengemeinschaft der am besten bekannte Sabbat und zugleich auch der am meisten mißverstandene und gefürchtete.

An Samhain wird das Ende des von der Göttin regierten Sommers und die Ankunft des vom Gott regierten Winters gefeiert. (Das Wort Samhain bedeutet „Sommer-Ende").

Samhain ist auch das alte keltische/druidische Neujahrsfest, der Beginn der Apfelmost-Saison, ein feierlicher Ritus und das Fest der Toten. Es ist die Zeit, in der der Seelen der geliebten verstorbenen Menschen gedacht wird. Früher glaubten viele, daß in dieser Nacht die Toten zurückkämen und sich unter die Lebenden mischten. Die Samhain-Nacht ist der beste Zeitpunkt, um mit der geistigen Welt Kontakt aufzunehmen und aus ihr Botschaften zu empfangen.

Die christianisierte Version von Samhain ist Allerheiligen (1. November). Es wurde von Papst Bonifatius IV im 7. Jahrhundert eingeführt, um das heidnische Fest zu verdrängen. Allerseelen (das auf den 2. November fällt) ist eine weitere christliche Anpassung an das alte Fest der Toten. Beide Tage werden von der römisch-katholischen Kirche als heilige Tage des Gebetes für die Seelen im Fegefeuer begangen.

In vielen Teilen Englands glaubte man, die Geister der Menschen, denen der Tod im kommenden Jahr bevorstand, um Mitternacht über die Friedhöfe spazieren sehen zu können. Man dachte, daß viele dieser Geister böser Natur seien, und zum Schutz wurden Laternen aus Kürbissen gemacht, in die man abschreckende Gesichter schnitzte und das Innere mit einer Kerze erhellte. Diese Laternen wurden dann herumgetragen, um die übelwollenden Geister zu verscheuchen. In Schottland schnitzte man die traditionellen Halloween-Laternen aus Rüben.

In Belgien gab es den alten Samhain-Brauch, spezielle „Kuchen für die Toten" vorzubereiten (kleine weiße Kuchen oder Kekse). Für jede Seele, derer man gedachte, wurde ein Kuchen verzehrt, in dem Glauben, daß je mehr Kuchen jemand aß, um so mehr würde er von den Toten gesegnet.

Ein anderer Samhain-Brauch bestand darin, ein Feuer auf dem Hausherd zu entzünden, das bis zum ersten Tag des folgenden Frühlings ständig brennen mußte. Auch wurden riesige Freudenfeuer bei Sonnenuntergang auf den Bergspitzen entfacht, um die Götter und Göttinnen zu ehren und um den Seelen der Toten den Weg zu ihren Familien zu weisen.

An Samhain zählten die Druiden ihr Vieh und brachten die Mutterschafe zur Paarung für den Wurf im kommenden Frühjahr. Überzählige Zuchttiere wurden den Fruchtbarkeitsgottheiten geopfert und aus Weiden geflochtene Bildnisse von Menschen und Pferden als symbolische Opfergaben verbrannt.

Es soll Glück bringen, wenn man an Samhain um Mitternacht eine neue orangefarbene Kerze anzündet und sie bis Sonnenaufgang brennen läßt. Einer alten Legende nach wird jedoch derjenige von Unglück heimgesucht, der an diesem Tag Brot bäckt oder nach Sonnenuntergang noch unterwegs ist.

Die Kunst der Wahrsagung mit Hilfe von Kristallkugeln sowie das Werfen von Runen in der magischen Nacht von Samhain sind alte Wicca-Traditionen ebenso wie der Brauch, sich vor einen Spiegel zu stellen und sich im geheimen etwas zu wünschen.

Als traditionelle pagane Speisen am Samhain-Sabbat werden Äpfel, Kürbiskuchen, Haselnüsse, Kuchen für die Toten, Korn, Preiselbeerküchlein und Brote, Ale, Apfelmost und Kräutertees verzehrt.

Die **Wintersonnwende** (Julfest) ist die längste Nacht des Jahres. Ab diesem Datum werden die Tage wieder länger und die Stunden der Dunkelheit nehmen ab. Es ist das Fest der Wiedergeburt der Sonne und der Verehrung des Gehörnten Gottes. (Der Gott, der an diesem Sabbat von einigen Hexen-Traditionen angerufen wird, ist Frey, der skandinavische Fruchtbarkeitsgott, eine Gottheit, die mit Frieden und Wohlstand in Verbindung gebracht wird.) Liebe, Familienzusammengehörigkeit und das im vergangenen Jahr Erreichte werden ebenfalls zu dieser Zeit gefeiert.

An diesem Sabbat sagen die Hexen der Großen Mutter Lebewohl und heißen den wiedergeborenen Gehörnten Gott willkommen, der die „dunkle Hälfte des Jahres" regiert.

Die Winntersonnwende fiel in früheren Zeiten mit den altrömischen Saturnalien (17. bis 24. Dezember), paganen Fruchtbarkeitsriten und verschiedenen Riten der Sonnenanbetung zusammen.

Die heutigen Bräuche des christlichen Weihnachtsfestes, wie zum Beispiel das Schmücken eines Tannenbaumes, das Aufhängen von Mistel- und Stechpalmenzweigen, das Verbrennen des Weihnachtsscheites (Julscheit), sind alles wunderschöne heidnische Bräuche, die aus vorchristlicher Zeit stammen. (Weihnachten, das nur wenige

Tage nach der Wintersonnwende gefeiert und an dem die spirituelle Wiedergeburt von Jesus Christus zelebriert wird, ist eigentlich die christianisierte Version des alten paganen Julfestes.)

Das Verbrennen des Weihnachtsscheits stammt aus dem alten Brauchtum der Julfest-Freudenfeuer, die entzündet wurden, um der Sonne, von der man dachte, daß sie zur Wintersonnwende wiedergeboren würde, Leben und Kraft zu geben. Später trat an die Stelle der Freudenfeuer im Freien das Verbrennen von Holzscheiten und roten Kerzen, in die Sonnen und andere magische Symbole geritzt wurden, im Hausinneren. Da die Eiche von den Druiden als der kosmische Lebensbaum betrachtet wurde, ist auch der Julscheit traditionell aus Eichenholz. In einigen Wicca-Traditionen werden Julscheite aus Kiefernholz verwendet, um das Sterben der Götter Attis, Dionysos oder Wodan zu symbolisieren. In alten Zeiten wurde die Asche des Julscheits mit Kuhfutter vermischt und als symbolische Hilfe bei der Fortpflanzung über die Felder gestreut, um neues Leben und einen fruchtbaren Frühling zu sichern.

Das Aufhängen von Mistelzweigen über den Türeingängen ist ein beliebter Weihnachtsbrauch, der reich an paganer Symbolik und ein weiteres Beispiel dafür ist, wie das moderne Christentum viele Bräuche der Alten Religion der Paganen seinen Zwecken angepaßt hat.

Für die Druiden steckte in der Mistel sehr viel Zauberkraft, und sie bezeichneten sie als den „Goldenen Zweig“. Sie glaubten, daß die Mistel große Heilkräfte besäße und den Sterblichen den Zugang zur Unterwelt ermögliche. Die lebende Pflanze, eigentlich ein Parasit mit ledrigen immergrünen Blättern und wachsigen weißen Beeren, wurde früher einmal als die Genitalien des Gottes Zeus angesehen, dessen heiliger Baum die Eiche war. Die phallische Bedeutung des Mistelzweigs rührt von der Vorstellung her, daß die weißen Beeren Tropfen des göttlichen Samens seien, im Gegensatz zu den roten Beeren der Stechpalme, die als das heilige Menstruationsblut der Göttin galten. Die lebenspendende Essenz, die dem Mistelzweig zugeschrieben wird, verleiht denjenigen, die ihn zum Julfest aufhängen, eine symbolische göttliche Substanz und eine Art Unsterblichkeit. In früheren Zeiten wurden die Riten des Eichen-Gottes häufig von ekstatischen Sexorgien begleitet. Das Küssen unter dem Mistelzweig ist jedoch alles, was sich von diesem Brauchtum bis in die heutige Zeit erhalten hat.

Die relativ moderne Tradition des Weihnachtsbaumschmückens ist ein Brauch, der sich aus den Kiefernhainen, die mit der Großen Muttergöttin assoziiert wurden, entwickelt hat. Die Lichter und Verzierungen, mit denen der Baum dekoriert wird, sind eigentlich Symbole für die Sonne, den Mond und die Sterne, wie sie im kosmischen Lebensbaum zu sehen sind. Sie stehen auch für die Seelen von Verstorbenen, an die man sich zum Jahresende erinnert. Geweihte Geschenke (aus denen sich die modernen Weihnachtsgeschenke entwickelt haben) wurden an den Baum gehängt als Gaben für die verschiedenen Gottheiten wie Attis und Dionysos.

Ein weiteres Beispiel für die paganen Wurzeln christliche Feiertage ist sogar die moderne Personifikation des Weihnachtsgeistes, bekannt als Santa Claus/Heiliger Nikolaus, der früher der Paganengott des Julfestes war. In Skandinavien hieß er damals „Christ auf dem Rad“, ein altnordischer Titel für den Sonnengott, der zur Zeit der Wintersonnwende wiedergeboren wird.

In England stellte man Kuchen in die Äste der ältesten Apfelbäume im Garten und goß Apfelmost als Trankopfer über die Bäume. Dieser pagane Julfestbrauch war bekannt als „Trinkgelage der Obstbäume". Der Apfelmost sollte ein Ersatz für Menschen- oder Tierblut sein, das in weniger kultivierten Zeiten als Bestandteil eines Fruchtbarkeitsritus zur Wintersonnwende geopfert wurde. Nachdem ein Trinkspruch auf die Gesundheit der Apfelbäume ausgesprochen und ihnen für ihre Früchte gedankt wurde, ermahnten die Bauern die Bäume eindringlich, auch weiterhin reichlich Früchte zu tragen.

Die traditionellen Speisen am Sabbat der Wintersonnwende sind Truthahnbraten, Nüsse, Früchtekuchen, Kümmelbrötchen, Eierflip und Glühwein.

Sabbat-Weihrauch

Lichtmeß: Basilikum, Blauregen und Myrrhe
Frühjahrs-Tagundnachtgleiche: Edbeere, Jasmin, Rose, afrikanisches Veilchen und Salbei
Beltane: Weihrauch, spanischer Flieder und Rose
Sommersonnwende: Weihrauch, Zitrone, Myrrhe, Pinie, Rose und Blauregen
Lammas: Aloe, Rose und Sandelholz
Herbst-Tagundnachtgleiche: Benzoe, Myrrhe und Salbei
Samhain: Apfel, Heliotrop, Minze, Muskat und Salbei
Wintersonnwende: Lorbeerbeere, Kiefer, Rosmarin und Zeder

Sabbat-Kerzenfarben

Lichtmeß: braun, rosa, rot
Frühjahrs-Tagundnachtgleiche: gold, grün, gelb
Beltane: dunkelgrün
Sommersonnwende: blau, grün

Lammas: gelb, orange
Herbst-Tagundnachtgleiche: braun, gelb, grün, orange
Samhain: orange, schwarz
Wintersonnwende: gold, grün, rot, weiß

Heilige Sabbat-Edelsteine

Lichtmeß: Amethyst, Granat, Onyx, Türkis
Frühjahrs-Tagundnachtgleiche: Amethyst, Aquamarin, Blutstein, roter Jaspis
Beltane: orangefarbener Karneol, Rosenquarz, Saphir, Smaragd
Sommersonnwende: alle grünen Edelsteine, vor allem Jade und Smaragd
Lammas: Aventurin, Citrin, Peridot, Sardonyx
Herbst-Tagundnachtgleiche: gelber Achat, Lapislazuli, Saphir, Karneol
Samhain: alle schwarzen Edelsteine, vor allem Gagat, Obsidian und Onyx
Wintersonnwende: Katzenauge und Rubin

KAPITEL 3:

Instrumente und Symbole des Hexenkults

Instrumente

Das Athame ▪ Das Athame (auch als „Luftdolch“ bezeichnet) ist ein Ritualmesser mit schwarzem Griff und einer zweischneidigen Klinge, in das traditionellerweise verschiedene magische und/oder astrologische Symbole eingraviert oder eingeätzt werden.

Es repräsentiert das alte und mystische Element Luft, steht symbolisch für die Lebenskraft und wird von Hexen dazu verwendet, um magische Kreise zu ziehen, das Böse oder negative Kräfte auszutreiben, Elementargeister zu kontrollieren und zu bannen und um Energie während magischer Rituale zu speichern und zu lenken.

Ein Athame mit weißem Griff wird nur für das Schneiden von Zauberstäben verwendet, um Kräuter für magische Rituale oder Heilzwecke zu ernten, die traditionellen Samhain-Laternen zu schnitzen oder um Runen und andere magische oder astrologische Symbole auf Kerzen und Talismane zu gravieren.

Die Glocke ▪ Eine geweihte Messing- oder Kristallglocke wird von Hexen oft eingesetzt, um den Beginn und/oder das Ende eines Rituals oder Sabbats zu signalisieren, um einen bestimmten Geist oder eine Gottheit zu rufen und um meditierende Konventmitglieder aufzuwecken. Glocken werden auch bei vielen Wicca-Beerdigungsfeiern verwendet, um die Seele der Hexe zu segnen, die in das Reich der Toten übergegangen ist.

Das Buch der Schatten ■ Das Buch der Schatten (auch bekannt als das „Schwarze Buch“) ist ein geheimes Tagebuch, in dem eine Hexe ihre persönlichen Zauber, Anrufungen, Rituale, Träume, Rezepturen für Tränke und anderes notiert.

Ein Buch der Schatten kann von einer allein praktizierenden Hexe oder von einem ganzen Konvent geführt werden.

Wenn eine Hexe stirbt, kann das Buch der Schatten an ihre Kinder oder Enkel weitergegeben, von der Hohenpriesterin oder dem Hohenpriester eines Konvents aufbewahrt (falls die Hexe zum Zeitpunkt ihres Todes Mitglied in einem solchen war) oder verbrannt werden, um die Geheimnisse der Kunst zu schützen. Was auch immer getan wird, hängt natürlich von den Bräuchen der jeweiligen Wicca-Tradition und/oder den persönlichen Wünschen der Hexe ab.

Der Stichel ■ Der Stichel ist ein Gravurinstrument, das von vielen Hexen (und Zeremonien-Magiern) verwendet wird, um heilige Namen, Runen und verschiedene magische und/oder astrologische Symbole in ihre Athames, Schwerter, Messing-Altarglocken, ihren Metallschmuck und andere magische und rituelle Instrumente einzugraben.

Der Hexenkessel ■ Der Hexenkessel ist ein kleiner, schwarzer, gußeiserner Topf, der die Einflüsse der vier alten und mystischen Elemente symbolisch verbindet. Er verkörpert den göttlichen Schoß der Muttergöttin und wird von Hexen für verschiedene Zwecke eingesetzt, einschließlich dem Brauen von Tränken, dem Verbrennen von Räucherwerk und dem Aufbewahren von Holzkohle, Blumen, Kräutern oder anderen magischen Dingen.

Der Hexenkessel kann auch als Hilfsmittel für Weissagungen dienen. (Viele Hexen füllen ihre Kessel an Samhain mit Wasser und verwenden sie als magische Spiegel, um in die Zukunft oder die Vergangenheit zu blicken.)

Das Zeremonienschwert ■ Das Zeremonienschwert verkörpert das Element Feuer und ist das Symbol für die Stärke der Hexe.

In einigen Hexen-Traditionen wird das Zeremonienschwert anstelle des schwarzheftigen Athames von der Hohenpriesterin eines Konvents verwendet, um den magischen Kreis zu ziehen oder aufzuheben.

Das Zeremonienschwert kann ebenso wie das Athame eingesetzt werden, um Elementargeister zu kontrollieren und zu bannen (vor allem bei zeremoniellen magischen Riten) und um bei magischen Ritualen Energie zu laden und zu lenken.

Der Kelch ■ Der Kelch (auch bekannt als der heilige Pokal) verkörpert das Element Wasser. Während magischer Rituale und Sabbate wird er als Behälter für geweihtes Wasser oder Wein auf dem Altar verwendet.

Der heilige Kelch ist üblicherweise aus Silber und mit verschiedenen magischen Symbolen verziert. Viele moderne Hexen verwenden jedoch auch Kelche aus Messing, Zinn oder sogar Kristall.

Das Pentakel ■ Das Pentakel ist eine flache Scheibe aus Holz, Wachs, Metall oder Ton. Sie trägt das Motiv des mystischen fünfzackigen Hexensterns (Pentagramm) und wird in magischen Zeremonien und Zaubern verwendet, um die weibliche Energie und das Element Erde zu verkörpern sowie um Kobolde (Elementargeister der Erde) zu rufen und zu binden. Ebenso kann es als Halterung für geweihte Objekte dienen, wie Amulette, Kräuter und Kristalle.

Der Stab ■ Der Stab (auch als „Feuerstock" bezeichnet) ist eine schmale Rute aus Holz, die aus dem Ast eines Baumes gefertigt wird. Er verkörpert das alte und mystische Element Feuer und ist ein Symbol für die Stärke, den Willen und die magischen Kräfte der Hexe, die ihn besitzt. Bei zeremoniellen magischen Ritualen repräsentiert der Stab das Element Luft.

Der Stab (der laut vielen alten Magiebüchern ca. 53 Zentimeter lang sein sollte) wird von Hexen dazu eingesetzt, um bei bestimmten Ritualen Salamander zu rufen (die Elementargeister des Elements Feuer), magische Kreise zu ziehen, magische Symbole auf den Boden zu zeichnen, Energie zu lenken sowie den Trank im Hexenkessel umzurühren.

Es ist wichtig, daß der Stab aus einem Ast des richtigen Baumes gemacht wird, da die unterschiedlichen Hölzer verschiedene magische Eigenschaften besitzen. Eschenstäbe eignen sich für Heilungsrituale und alle Arten von weißer Magie. Holunderstäbe sind angebracht bei Weihungshandlungen und Exorzismus. Akazien- und Haselnußstäbe bieten sich für den Einsatz bei allen Formen von weißer Magie an. Eichenstäbe (die den Druidenpriestern heilig waren) sind geeignet für die Verwendung bei allen Arten von druidischer Magie und magischen Ritualen, die mit der Sonne in Verbindung stehen. Weide und Eberesche (beide allen Mondgöttinnen heilig) werden verwendet bei Mondzaubern, Anrufungen der Göttin, Wunsch-Magie und übernatürlichen Heilungsritualen.

Andere wichtige Instrumente ■ Andere wichtige Instrumente des Wicca-Kults sind Kerzen (Symbol für das Element Feuer), ein Weihrauchfaß oder -gefäß (Symbol für das Element Luft; Weihrauch wird bei rituellen Handlungen angezündet als Opfergabe für die Göttin und den Gehörnten Gott, um Sylphen, die Elementargeister der Luft, zu rufen und um die richtige mystische Atmosphäre für Zauber oder Anrufungen zu schaffen); eine Schüssel mit Salz (Symbol für das Element Erde, wird für die Reinigung verwendet) und eine schwarze oder weiße Kapuzenrobe, die während der Rituale und Sabbatfeiern getragen wird (sofern Sie es nicht vorziehen, lieber nackt zu arbeiten).

Symbole

Symbole sind ein wichtiger Teil sowohl der religiösen als auch magischen Aspekte des Wicca-Kults. Sie werden auf Roben, Kerzen, rituelle Instrumente, Amulette und Talismane gezeichnet und von Hexen in rituellen Handlungen dazu verwendet, eine Veränderung des Bewußtseins zu bewirken und magische Energie zu erzeugen.

Im Wicca-Kult werden häufig die Stern- und Planetenzeichen verwendet. Wichtig sind auch die folgenden Symbole:

Die *Mondsichel* ist ein heiliges Zeichen für die Göttin sowie ein Symbol für Magie, weibliche Energie, Fruchtbarkeit, üppiges Wachstum und die geheimen Kräfte der Natur. Sie wird bei Anrufungen der Göttin und aller Mond-Gottheiten (männlichen und weiblichen), in der Mondmagie, bei Sabbat-Zeremonien und Heilungsritualen bei Frauen verwendet.

Das *Pentagramm* ist eines der stärksten und beliebtesten paganen Symbole, das gleichermaßen von Hexen und Zeremonien-Magiern gebraucht wird. Das Pentagramm (ein fünfzackiger Stern innerhalb eines Kreises) verkörpert die vier mystischen und alten Elemente Feuer, Wasser, Luft und Erde, die vom Geist gekrönt werden.

Im Wicca-Kult wird das Pentagramm *normalerweise* mit der Spitze nach oben gezeichnet. Das symbolisiert die menschlichen spirituellen Bestrebungen. Ein Pentagramm mit der Spitze nach unten ist ein Symbol des Gehörnten Gottes.

Das *Dreieck* ist in der westlichen Magie ein Zeichen für begrenzte Erscheinungen und wird in Ritualen verwendet, um Geister zu beschwören, indem man das Siegel oder Zeichen des Wesens, das gerufen werden soll, im Zentrum des Dreiecks plaziert.

Das Dreieck, das Äquivalent zur Zahl Drei (eine mächtige magische Zahl), ist auch ein heiliges Symbol für die Dreifache Göttin: Jungfrau, Mutter, weise alte Frau. Hängend verkörpert es das männliche Prinzip.

Das *Siegel Salomos* (ein altes und starkes magisches Symbol) ist ein Hexagramm, das aus zwei ineinandergreifenden Dreiecken besteht, wovon eines mit der Spitze nach oben zeigt und das andere nach unten. Es symbolisiert die menschliche Seele und wird von vielen Hexen und Zeremonien-Magiern für Zauber und Rituale verwendet, bei denen die Kommunikation mit Geistern, Weisheit, Reinigung und die Stärkung der übersinnlichen Kräfte eine Rolle spielen.

Der *Dreizack* ist ein heiliges Dreifach-Phallus-Symbol, das bei den männlichen Gottheiten abgebildet ist, deren Aufgabe darin besteht, sich geschlechtlich mit der Dreifachen Göttin zu vereinigen. Es wird vor allem bei Großen Riten, Sexual-Magie und Fruchtbarkeitsritualen verwendet.

Der *Anch* (Henkelkreuz) ist ein altes ägyptisches Symbol, das einem Kreuz mit einer Schleife ähnelt. Es steht für Leben, kosmisches Wissen, Geschlechtsverkehr und

Wiedergeburt. (Jeder höhere Gott oder jede höhere Göttin des alten Ägypten ist damit abgebildet.) Auch bekannt als „Crux Ansata" wird es von vielen heutigen Hexen bei Zaubern und Ritualen, die Gesundheit, Fruchtbarkeit und Weissagung zum Inhalt haben, verwendet.

Das *Auge des Horus* ist ein weiteres altägyptisches Symbol, das oft im heutigen Hexenkult verwendet wird. Es zeigt das göttliche Auge des Gottes Horus und verkörpert sowohl Sonnen- als auch Mondenergien. Das Auge des Horus wird häufig verwendet, um spirituellen Schutz und die hellseherischen Kräfte des Dritten Auges zu symbolisieren.

Das *Pentalpha* ist eine magische Figur, die gebildet wird, indem fünf „A" ineinandergelegt werden. Es wird von vielen Hexen und Zeremonien-Magiern für Wahrsagungen und die Beschwörung von Geistern verwendet.

Der *Kreis* (ein äußerst mächtiges Bild, bei dem es weder Anfang noch Ende gibt) wird von vielen Hexen und Neo-Paganen als heiliges Symbol der Yoni, für magische Energie, Schutz, Unendlichkeit, Perfektion und ständige Erneuerung benutzt.

Die *Swastika* (Hakenkreuz) ist ein altes religiöses Symbol, das aus einem griechischen Kreuz gebildet wird, bei dem die Arme im rechten Winkel entweder im Uhrzeigersinn oder gegen den Uhrzeigersinn abgeknickt sind. Bevor es 1935 als abscheuliches offizielles Symbol für Nazi-Deutschland übernommen und pervertiert wurde, war die Swastika ein heiliges Symbol für Glück und Gesundheit im vorchristlichen Europa und vielen anderen paganen Kulturen rund um den Erdball, auch bei den Orientalen, Ägyptern und den Eingeborenenstämmen in Nord-, Mittel- und Süd-Amerika.

Das Wort „Swastika" stammt von dem Sanskrit-Wort *svastika*, was soviel bedeutet wie „ein Zeichen von

Glück“. Es gibt über 1.200 bekannte Swastika-Abbildungen. Die älteste datiert auf das Jahr 12.000 v. Chr.

Zusätzlich zu den obengenannten Symbolen der Magie gibt es Hunderte sowohl alter als auch moderner Zeichen, die im Wicca-Kult verwendet werden, wie zum Beispiel männliche und weibliche Fruchtbarkeitssymbole, Kreuze, Friedenszeichen, Zahlen, Blumen, Tiere, Gestalten aus der Mythologie (z. B. Drache, Phoenix, Einhorn), der Weltenbaum und viele andere mehr.

Einige der Symbole des Hexenkults

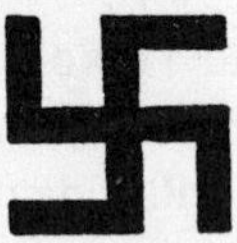
Swastika

Anch

Auge des Horus

Salomos Siegel

Dreieck

Pentagramm

KAPITEL 4:

Pagane Rituale

Ritus der Selbsteinweihung
(für allein praktizierende Hexen)

(*Anmerkung*: Vor der Selbstinitiation in den Kult ist es unbedingt erforderlich, daß diese Person die philosophischen Grundlagen des Hexenkults studiert und aufrichtig in ihrem Herzen fühlt, daß die Alte Religion der richtige Weg für sie ist.)

Wenn Sie den starken Wunsch haben, eine Hexe zu werden, und es Ihnen nicht möglich ist, von einem Konvent initiiert zu werden (oder weil Sie sich freiwillig dazu entschlossen haben, allein zu praktizieren), können Sie sich selbst initiieren und sich der Göttin und Ihrem Gefährten weihen, indem Sie das folgende Selbstinitiations-Ritual in einer Vollmondnacht, bei zunehmendem Mond, an einem der acht Hexensabbate oder an Ihrem Geburtstag durchführen.

Sie beginnen, indem Sie Ihre Kleidung ablegen und sich in ein parfümiertes oder rituelles Kräuterbad legen (Symbol für das Element Wasser), um Ihren Körper und Ihren Geist von allen negativen Schwingungen zu reinigen. Während Sie baden, schließen Sie aus Ihrem Geist alle weltlichen und unerfreulichen Gedanken vollständig aus. Meditieren Sie, bis Ihr Körper entspannt ist.

Nach dem Bad ziehen Sie mit weißer Kreide oder Farbe auf dem Boden einen Kreis von etwa 1,80 Meter Durchmesser. Streuen Sie etwas Salz (Symbol für das Element Erde) über den Kreis, und weihen Sie ihn mit folgenden Worten:

Mit Salz weihe und
segne ich diesen Kreis
im heiligen Namen der Göttin und Ihres Gefährten,
dem Gehörnten Gott.
Gesegnet sei er!

Setzen Sie sich in die Mitte des Kreises, mit dem Gesicht nach Norden gewandt. Stellen Sie zwei weiße Kerzen (Symbol für das Element Feuer) und ein Räuchergefäß mit Weihrauch und Myrrhe (Symbol für das Element Luft) vor sich hin. (Es ist am besten, dieses Ritual allein und unter freiem Himmel beziehungsweise nackt durchzuführen. Falls Sie sich jedoch unwohl fühlen, wenn Sie ohne Kleidung arbeiten, können Sie auch eine weiße Zeremonienrobe anziehen.)

Entzünden Sie zuerst das Räucherwerk und dann die erste Kerze. Sprechen Sie:

Ich rufe Dich herbei und an,
o Muttergöttin, Schöpferin des Lebens
und der Seele des unendlichen Universums.
Mit Kerzenflamme und Räucherwerk
rufe ich Dich,
um diese feierliche Handlung zu segnen
und mir Einlaß zu gewähren
in die Gemeinschaft Deiner
liebenden Kinder.

O wunderschöne Göttin des Lebens
und der Wiedergeburt,
bekannt als Ceridwen, Astarte, Athene,
Brigit, Diana, Isis, Melusine, Aphrodite
und unter vielen anderen göttlichen Namen,
in diesem geweihten Kreis des Kerzenlichts,
gelobe ich, Dich zu ehren,

Dich zu lieben und Dir gut zu dienen
solange ich lebe.
Ich verspreche, Dein Gesetz der Liebe für
alle lebendigen Dinge zu achten und zu befolgen.
Ich verspreche, niemals Kultgeheimnisse zu enthüllen,
weder an Mann noch an Frau, die nicht demselben
Pfad folgen.
Und ich schwöre, dem Hexengrundsatz treu zu bleiben:
„Und schadet es niemandem, tu was Du willst."

O Göttin, Königin aller Hexen,
ich öffne Dir mein Herz und meine Seele.
So soll es sein.

Zünden Sie die zweite Kerze an, und sprechen Sie:

Ich rufe Dich herbei und an,
o Großer Gehörnter Gott der Paganen,
Herr der Grünen Wälder
und Vater aller Dinge, die wild und frei sind.
Mit Kerzenflamme und Räucherwerk
rufe ich Dich, um diese feierliche Handlung zu segnen.
O Großer Gehörnter Gott des Todes
und allem, was danach kommt,
der bekannt ist als Cernunnos, Attis, Pan,
Daghda, Faunus, Frey, Odin, Lupercus
und unter vielen anderen Namen,
in diesem geweihten Kreis des Kerzenlichts
gelobe ich, Dich zu ehren,
Dich zu lieben und Dir gut zu dienen
solange ich lebe.

O Großer Gehörnter Gott des Friedens und der Liebe,
ich öffne Dir mein Herz und meine Seele.
So soll es sein.

Halten Sie Ihre geöffneten Hände nach oben gegen den Himmel. Schließen Sie die Augen, und stellen Sie sich zwei weiße Strahlen leuchtenden Lichtes vor, die vom Himmel herabkommen und in Ihre Handflächen fließen. Ein warmes Kribbeln wird sich in Ihrem Körper ausbreiten, wenn die Liebeskraft der Göttin und des Gottes Ihre Seele reinigt.

Haben Sie keine Angst, wenn Sie eine Stimme (oder Stimmen) hören, die in Ihrem Kopf wie durch Telepathie zu reden beginnt. Es sind die Göttin und der Gott in Ihnen, die Ihnen zeigen, daß sie da sind. (Obwohl nicht jede Hexe die tatsächlich gesprochenen Worte der Göttin und des Gehörnten Gottes hört oder wahrnimmt – einige fühlen nur deren göttliche Gegenwart und Liebe – ist es nicht außergewöhnlich, wenn die paganen Gottheiten direkt mit einer neuen selbstinitiierten Hexe sprechen, vor allem wenn diese von Anfang an für Übersinnliches empfänglich ist.)

Bleiben Sie im geweihten Kreis, bis beide Kerzen und das Räucherwerk von selbst abgebrannt sind. Der Wicca-Ritus der Selbstinitiation ist nun beendet.

Kristall-Weihungsritual

Führen Sie in einer Vollmondnacht das folgende Ritual durch, um einen Kristall von negativen Einflüssen zu reinigen und ihn mit Heilkräften aufzuladen.

Beginnen Sie, indem Sie zwei weiße Altarkerzen anzünden (eine auf jeder Seite des Altars). Stellen Sie eine kleine Schüssel oder eine Tasse mit frischem Regenwasser (oder geschmolzenem Schnee) sowie einen Teller mit Sand, Erde oder Salz auf den Altar. In der Mitte des Altars plazieren Sie ein Räuchergefäß, das einen der folgenden Düfte enthält: Weihrauch, Myrrhe, Muskat, Patschuli, Rose, Safran oder Sandelholz.

Nehmen Sie den Kristall in Ihre rechte Hand, und ziehen Sie ihn durch den Rauch des Duftes, während Sie sagen:

Mit der Kraft der Göttin
und dem alten und mystischen Element Luft,
weihe und widme ich
diesen Kristall als ein magisches Werkzeug
der Heilung.

Legen Sie den Kristall sachte in den Teller mit Sand, Erde oder Salz, und sprechen Sie:

Mit der Kraft des Gehörnten Gottes
und dem alten und mystischen Element Erde,
weihe und widme ich
diesen Kristall als ein magisches Werkzeug
der Heilung.

Sprenkeln Sie ein paar Tropfen Wasser über den Kristall, und sprechen Sie:

Mit der Kraft des Universums
und dem alten und mystischen Element Wasser,
weihe und widme ich
diesen Kristall als ein magisches Werkzeug
der Heilung.

Nehmen Sie den Kristall wieder in Ihre rechte Hand. Führen Sie ihn in einer Kreisbewegung, die den Lauf der Sonne beschreibt, um die Flamme jeder Kerze, während Sie sagen:

Mit der Kraft der Liebe
und dem alten und mystischen Element Feuer
weihe und widme ich
diesen Kristall als ein magisches Werkzeug
der Heilung.

Möge dieser kristallene Stein der Kraft
für mich und
alle anderen Gutes bewirken.
So soll es sein.

Nachdem das Weihungsritual durchgeführt wurde, umschließen Sie den Stein mit hohlen Händen, damit er mit Ihrer Aura und Ihrem spirituellen Bewußtsein harmonisieren kann. Hauchen Sie den Stein leicht an, während Sie Ihre Gedanken und Absichten in ihn lenken. Der aufgeladene Kristall wird auf die Energie Ihres Willens reagieren.

Anrufung und Ritus der Göttin Hekate

Hekate, die geheimnisvolle Göttin der Dunkelheit und Beschützerin aller Hexen, ist eine Personifikation des Mondes und der dunklen Seite des weiblichen Prinzips. Ihr Name kommt aus dem Griechischen und bedeutet, „die, die von weither aufsteigt". Das verbindet sie mit Diana (Artemis), der jungfräulichen Jägerin des Mondes.

In der Mythologie war Hekate die Tochter der Titanen Perses und Asteria, und man glaubte, daß sie auf der Erde umherstreife und in mondlosen Nächten mit einem Rudel gespenstisch heulender Hunde auf Wegkreuzungen spuke.

Wie Diana, gehört auch Hekate zu den fackeltragenden Gottheiten. Man stellte sie sich mit einer brennenden

Fackel in der Hand vor, was zu dem Glauben paßte, daß sie eine nächtliche Mondgöttin und eine mächtige Jägerin war, die ihren Weg im Reich der Geister kannte. Sie kontrollierte die Phasen von Geburt, Leben und Tod, und die geheimen Naturkräfte sollen ihrem Befehl unterstanden haben.

Obwohl Hunde ihre heiligsten Tiere waren, wurde Hekate im alten Griechenland auch mit Hasen in Verbindung gebracht, ebenso wie ihre germanische Entsprechung, die Mondgöttin Harek. (Der Hase ist laut einer Reihe ägyptischer Hieroglyphen ein „charakteristisches Zeichen, mit dem das Seins-Konzept definiert wird und folglich ein Symbol für elementare Existenz". Für die alten Chinesen war der Hase ein Tier der Prophezeiung, von dem behauptet wurde, es lebe auf dem Mond.)

In der Kunst wird Hekate oft dargestellt als eine Frau mit drei Köpfen, um deren Hals sich zischelnde Schlangen winden. Aus diesem Grund wird sie eine Dreigestalt genannt – ein Symbol, das sich auf die drei Phasen Geburt, Leben und Tod (was für Vergangenheit, Gegenwart und Zukunft steht) beziehen kann und auch auf die Dreifache Göttin, die Trinität von Jungfrau, Mutter und weiser alter Frau.

Hekate ist eine mächtige Mondgöttin, und alle Rituale zu ihren Ehren sollten um Mitternacht in mondlosen Nächten abgehalten werden oder bei Mondaufgang am 13. August, dem paganen Hauptfeiertag von Hekate.

Bevor Sie mit der folgenden Anrufung und dem Ritual beginnen, suchen Sie eine abgeschiedene Stelle auf einer Lichtung in einem dunklen, ruhigen Waldgebiet. Bilden Sie mit Steinen einen Kreis von etwa 3 bis 4 Metern Durchmesser. Am nördlichen Punkt des Kreises errichten Sie einen kleinen Altar. Stellen Sie ein Symbol für die Göttin (zum Beispiel eine kleine weibliche Statuette oder

Figurine) oben auf den Altar, und entzünden Sie davor Weihrauch-, Myrrhe- oder Jasminräucherwerk. Links neben das Göttinsymbol stellen Sie eine schwarze Altarkerze und einen Kelch mit Weißwein. Auf der rechten Seite neben dem Göttinsymbol plazieren Sie eine weitere schwarze Altarkerze, ein geweihtes Athame, eine Messing-Altarglocke, eine Schüssel mit Wasser und einen Teller mit Meersalz. Weiße Elementkerzen sollten jeweils am östlichen, südlichen und westlichen Punkt des Kreises aufgestellt werden. Eine Elementkerze, die den Norden repräsentiert, wird hinter die Göttinfigur auf den Altar gestellt.

Die Hohepriesterin (oder die allein praktizierende Hexe) zündet die Kerzen an und segnet das Wasser, indem sie die Klinge des Athames in die Schüssel mit Wasser taucht und spricht:

Ich beschwöre Dich,
o Kreatur des Wassers,
im heiligen Namen von Hekate,
und ich vertreibe aus Dir
alle Unreinheiten und schmutzigen Geister.
So soll es sein.

Die Hohepriesterin taucht die Spitze des Athames in das Salz und reinigt es, indem sie sagt:

Gesegnet sei dieses Salz
im Namen der Göttin Hekate.
Laß alles Bösartige und Hinderliche
von hier vertrieben sein,
und laß alles Gute hier eintreten.
So soll es sein.

Das Athame wird auf den Altar zurückgelegt. Dann wird das Salz in die Schüssel mit Wasser geschüttet.

Mit ihrem Schwert zieht die Hohepriesterin den Kreis im Uhrzeigersinn und spricht:

Ich beschwöre dich, o Kreis der Kraft,
daß du ein Schutzring seist,
der die Kraft, die wir in dir erwecken,
bewahren und umschließen soll;
ein Schutzschild gegen alles Schlechte und Böse,
wofür ich dich segne
und dich im Namen der Göttin Hekate weihe:
Göttin der Dunkelheit,
Göttin des Mondes.

Die Hohepriesterin entzündet in der Mitte des Kreises ein Feuer, worüber sie einen Kessel plaziert, der mit Mondsymbolen bemalt ist. Er ist gefüllt mit einer Mischung aus Quellwasser, Rosenöl und Honig. Der Kesselinhalt wird zum Kochen gebracht. Danach gibt die Hohepriesterin eine Prise zermahlene Mondsteine, die Federn einer schwarzen Krähe, bei Mondlicht gesammelten Rauhreif sowie die mystischen, vom Mond regierten Pflanzen Nachtschatten und Mondkorn hinein. (In der ursprünglichen Version des Hekate-Ritus wurden außer den ebengenannten Kesselzutaten noch die Eingeweide eines Wolfes verlangt. Diese spezielle Zutat wurde jedoch in der modernen Version weggelassen, da es für die normale Hexe äußerst schwer und auch gefährlich wäre, an sie heranzukommen.)

Nachdem alle Zutaten hineingelegt wurden, wird das brodelnde Gebräu mit einem trockenen Olivenzweig umgerührt. Die Hohepriesterin steht vor dem Kessel, nach Norden gewandt, streckt ihre Arme aus und spricht:

Ich befehle euch,
o unsichtbare Kräfte der Natur,
versammelt euch um mich in diesem Kreis,
da ich in dieser mystischen Nachtstunde
die dunkle Göttin des Mondes
anrufe.

Ich rufe und beschwöre dich,
Hekate, Göttin der Unterwelt
und Beschützerin aller Hexen,
komm nun in diesen Kreis des Feuers,
da ich diesen Ritus zu deiner
Ehre abhalte.

Der ganze Konvent kniet in Richtung des Bildnisses der Göttin vor dem Altar nieder, wenn die Hohepriesterin mit beiden Händen den Kelch mit Wein aufnimmt und spricht:

Zu deinen Ehren,
o große Göttin Hekate,
vergieße ich diesen Opfertrank
und trinke davon, um dich
zu feiern.

Die Hohepriesterin gießt ein paar Tropfen des Weins auf den Boden vor dem Altar als Opfergabe für die Göttin. Sie führt den Kelch an ihre Lippen und trinkt etwas Wein. Dann reicht sie den Kelch an den Hohenpriester weiter, der ebenfalls einen Schluck trinkt und den Kelch wieder an seinen Platz auf dem Altar zurückstellt. Er nimmt dann die Glocke und läßt sie dreimal erklingen, während die Hohepriesterin das Athame in ihre rechte Hand nimmt, damit nach oben deutet und spricht:

In dieser dunklen und mystischen Stunde der Nacht
herrscht die Göttin Hekate,
und in ihrem Namen lobpreise ich nun:
Heil dir, Hekate!
Heil dir, Hekate!
Gesegnet seist du!

Die Hohepriesterin küßt die Klinge des Athames und legt es auf den Altar zurück, während die Konventmitglieder den Lobgesang wiederholen:

Heil dir, Hekate!
Heil dir, Hekate!
Gesegnet seist du!

Der ganze Konvent sollte sich nun entspannen und über dem Bildnis der Göttin meditieren. Anschließend können pagane Volkslieder zu Hekates Ehren gesungen oder von der Göttin inspirierte, mystische Gedichte rezitiert werden.

Nachdem die Feier zu Ende ist, dankt der Konvent der Göttin für ihre Anwesenheit. Dann hebt die Hohepriesterin mit dem Schwert den Kreis auf, indem sie diesen gegen den Uhrzeigersinn beschreibt.

Drittes-Auge-Ritual

Dies ist ein neopaganes Ritual, um die übersinnlichen Kräfte zu stärken. Führen Sie es drei Tage vor Vollmond aus, am besten, wenn der Mond im astrologischen Zeichen Krebs, Fisch oder Skorpion steht.

Sie beginnen, indem Sie einen starken magischen Tee aus Schafgarbe oder Beifuß (Kräuter, die die übersinnliche Wahrnehmung stimulieren) brauen. Dann entzünden

Sie 13 purpurfarbene Weihkerzen, die bei der Anziehung übersinnlicher Einflüsse unterstützend wirken.

Trinken Sie den Tee, und blicken Sie starr in einen magischen Spiegel, eine Kristallkugel oder eine Kristallpyramide, während Sie dreimal die folgende Anrufung im Sprechgesang wiederholen:

Ich rufe dich an, o Asariel,
Erzengel des Neptun
und Herrscher der hellsichtigen Kräfte.
Ich bitte dich nun, mein Drittes Auge zu öffnen
und mir das verborgene Licht zu zeigen.
Laß mich die Zukunft sehen.
Laß mich die Vergangenheit sehen.
Laß mich das göttliche Königreich
des Unbekannten erkennen.
Laß mich die Weisheit des
mächtigen Universums verstehen.
So soll es sein.

Danach entspannen Sie sich. Atmen Sie langsam, und konzentrieren Sie sich auf das Öffnen Ihres Dritten Auges. Lassen Sie keine negativen Gedanken Ihren Geist verunreinigen.

Das Dritte Auge, ein unsichtbares Chakra in der Mitte der Stirn über der Stelle zwischen den Augenbrauen, ist die stärkste Quelle für Kraft, übernatürliches Sehen und hellsichtige Visionen im menschlichen Körper.

Der Große Ritus

Der Große Ritus (auch als die „heilige Hochzeit“ bezeichnet) ist ritueller Sexualverkehr, der entweder tatsächlich oder symbolisch als eine erhabene religiöse Erfahrung vollzogen wird.

Dieses bedeutende männlich-weibliche „Polaritäts"-Ritual findet häufig an den großen Sabbaten statt (vor allem an Samhain, vollzogen von der Hohenpriesterin und dem Hohenpriester, die den Geist der Göttin und des Gehörnten Gottes auf sich herabziehen und eine göttliche Vereinigung erfahren, sowohl auf spiritueller als auch physischer Ebene.)

In einigen Wicca-Traditionen (wie bei den Gardeners) wird der Große Ritus als Teil der Initiation Dritten Grades durchgeführt, durch die eine Hexe den höchsten der drei Grade des Kultes erlangt.

Der tatsächliche Große Ritus: Nachdem die Anrufung der Göttin durch den Hohenpriester erfolgt ist, verlassen die Konventmitglieder den Kreis und den Raum. Die Hohepriesterin und der Hohepriester vollziehen allein den rituellen Liebesakt. Anschließend dürfen die Konventmitglieder wieder in den Kreis eintreten, und geweihte Kuchen und Wein (oder Ale) werden serviert.

Der symbolische Große Ritus: Nachdem die Anrufung der Göttin durch den Hohenpriester erfolgt ist, taucht dieser die Klinge seines Athames in einen Pokal mit Wein (oder Fruchtsaft), der von der Hohenpriesterin gehalten wird. Der Wein wird dann herumgereicht und von allen Konventmitgliedern getrunken.

Den Mond Herunterziehen

Den Mond Herunterziehen (auch bekannt als „Den Mond Herunterrufen") ist die rituelle Anrufung der Göttin durch den Hohenpriester, damit diese ihre geistigen Kräfte in die Hohepriesterin hineinfließen läßt. Der Hohenpriester setzt seine männliche Polarität ein, um die göttliche Essenz in der weiblichen Polarität der Hohenpriesterin heraufzubeschwören.

Während dieses modernen Wicca-Rituals fällt die Hohepriesterin in einen tranceartigen Bewußtseinszustand und zieht die Kraft der Göttin in sich hinein. Die Hohepriesterin fungiert dann als Medium für die Göttin oder als Inkarnation der Göttin innerhalb des Kreises, bis dieser wieder aufgehoben wird.

Die Sonne Herunterziehen

Die Sonne Herunterziehen (auch als „Die Sonne Herunterrufen“ oder „Den Gehörnten Gott Herunterziehen“ bekannt) ist die rituelle Anrufung des Gehörnten Gottes durch die Hohenpriesterin, damit seine geistigen Kräfte in den Hohenpriester hineinfließen. Die Hohenpriesterin setzt dabei ihre weibliche Polarität ein, um die göttliche Essenz in der männlichen Polarität des Hohenpriesters heraufzubeschwören.

Während dieses modernen Wicca-Rituals fällt der Hohepriester in einen tranceartigen Bewußtseinszustand und zieht die Kraft des Gehörnten Gottes in sich hinein. Dadurch fungiert der Hohepriester als Verbindung für den Gehörnten Gott oder als Inkarnation des Gehörnten Gottes innerhalb des Kreises, bis dieser aufgehoben wird.

Paganes Handfasting-Ritual

Das Handfasting (das Zusammenbinden der Hände – manchmal auch als „Handfesting“ bezeichnet) ist eine alte Verlobungszeremonie, bei der die Hände der Braut und des Bräutigams mit einer geweihten, geknoteten Kordel zusammengebunden werden, um zu zeigen, daß sie sich nun in ehelicher Gemeinschaft zusammengefunden haben. Dieses Ritual wird in der Regel von der Hohenpriesterin oder dem Hohenpriester eines Konvents durchgeführt (wenn es sich um keine rechtsgültige Hochzeit handelt) oder von einem offiziellen Standesbeamten, wenn eine vor dem Gesetz gültige Verbindung bevorzugt wird. (Viele Wicca-Paare entscheiden sich auch dafür, vor der rechtsgültigen Trauung in einer Konsensehe „auf Probe" zu leben, die von der Hohenpriesterin nach der Dauer von einem Jahr wieder aufgehoben werden kann, wenn der Ehemann oder die Ehefrau mit der Verbindung unzufrieden ist.)

Der pagane Brauch „Sprung über den Besen", bei dem Braut und Bräutigam über einen Besenstil springen, ist eine alte Form der Hochzeitszeremonie bei einer Konsensehe, der in einigen Teilen Schottlands, Dänemarks und Chinas praktiziert wurde. Besonders verbreitet ist dieser Brauch bei den Zigeunern. Der „Besensprung" wird am Ende des Handfasting-Rituals durchgeführt.

Die folgende Hochzeitszeremonie ist ein nicht rechtsgültiges, spirituelles Bindungsritual, das entweder von der Hohenpriesterin oder dem Hohenpriester des Konvents vollzogen werden kann.

Bevor die Zeremonie durchgeführt wird, ist es äußerst wichtig, daß der ganze Bereich, in dem das Handfasting stattfindet, mit Salz, Wasser und einem reinigenden Räucherduft, zum Beispiel Zeder, Weihrauch, Salbei oder Sandelholz, geweiht wird.

Errichten Sie den Altar, und stellen Sie darauf alles, was für die Zeremonie benötigt wird: zwei weiße Kerzen, ein Weihrauchfäßchen, ein Teller mit Salz oder Erde, eine Messing-Altarglocke, ein Stab, ein Kelch mit Wasser, eine

Tasse mit Rosenöl für die Salbung, ein Quarzkristall, die Trauringe und zwei weiße Kordeln. In die Nähe des Altars stellen Sie einen großen Strohbesen für den traditionellen Besensprung am Ende des Rituals.

Ziehen Sie mit einem Athame oder Zeremonienschwert im Uhrzeigersinn einen Kreis. Nachdem jeder Gast mit guten Wünschen und Weihrauch gesegnet wurde, lassen Sie die Altarglocke erklingen, um den Beginn der Feier anzuzeigen.

Die Braut und der Bräutigam treten in den Kreis und halten sich dabei an der Hand. Segnen Sie sie mit Weihrauch und Glückwünschen. Dann sollen sie sich mit dem Gesicht zu Ihnen und dem Altar (Norden) gewandt aufstellen, während sich die Hochzeitsgäste entlang des Kreisumfanges versammeln und an den Händen fassen, um eine Menschenkette zu bilden.

Zu Braut und Bräutigam gewandt, heben Sie Ihre Arme zum Himmel empor und sprechen:

In diesem heiligen Kreis des Lichts
versammeln wir uns in vollkommener Liebe
und vollkommenem Vertrauen.
O Göttin der himmlischen Liebe,
ich bitte dich, dieses Paar,
ihre Liebe und ihre Ehe zu segnen,
solange sie in Liebe zusammenleben.
Möge jeder von ihnen sich eines gesunden
Lebens erfreuen,
erfüllt von Freude, Liebe,
Beständigkeit und Fruchtbarkeit.

Heben Sie den Teller mit Salz vor das Paar, und lassen Sie beide die rechte Hand darüber halten, während Sie sagen:

Gesegnet sollt ihr sein
mit dem alten und mystischen Element Erde.
Möge die Göttin der Liebe
in ihrer ganzen Herrlichkeit
euch segnen mit
Liebe, Zärtlichkeit,
Glück und Mitgefühl,
solange ihr lebt.

Stellen Sie den Teller wieder auf den Altar zurück. Das Paar soll sich nun drehen und nach Osten blicken. Läuten Sie dreimal die Altarglocke, und umhüllen Sie dann das Paar mit Weihrauch. Sprechen Sie:

Gesegnet sollt ihr sein
mit Rauch und Glocke,
Symbole des alten und mystischen Elements Luft.
Möge die Göttin der Liebe
in all ihrer Herrlichkeit
euch segnen mit Verständigung,
geistigem Wachstum und Weisheit,
solange ihr lebt.

Stellen Sie das Weihrauchgefäß auf den Altar zurück. Das Paar soll sich nun nach Süden wenden. Geben Sie beiden eine weiße Kerze, die jeder in seiner rechten Hand halten soll. Dann zünden Sie die Kerzen an und nehmen den Stab vom Altar. Halten Sie ihn über die beiden, und sprechen Sie:

Gesegnet sollt ihr sein
mit Stab und Flamme,
Symbole des alten und mystischen Elements Feuer.
Möge die Göttin der Liebe
in all ihrer Herrlichkeit

euch segnen mit Harmonie, Vitalität,
Kreativität und Leidenschaft,
solange ihr lebt.

Plazieren Sie die Kerzen und den Stab wieder auf dem Altar. Das Paar dreht sich weiter und blickt nun nach Westen. Nehmen Sie den Kelch, und sprenkeln Sie etwas Wasser über ihre Köpfe, während Sie sagen:

Gesegnet sollt ihr sein
mit dem alten und mystischen Element Wasser.
Möge die Göttin der Liebe
in ihrer ganzen Herrlichkeit
euch segnen mit Freundschaft, Intuition,
liebevoller Fürsorge und Verständnis,
solange ihr lebt.

Stellen Sie anschließend den Kelch wieder zurück. Das Paar soll sich nun noch einmal drehen und nach Norden blicken. Salben Sie die Stirn der beiden mit Rosenöl ein. Dann halten Sie den Quarzkristall über sie als ein heiliges Symbol des spirituellen Reichs und sprechen:

Möge die himmlische Göttin der Liebe
in ihrer ganzen Herrlichkeit
euch segnen mit innerer Verbundenheit,
Ehrlichkeit und spirituellem Wachstum,
solange ihr lebt.
Mögen der Gott und die Göttin in euch
auf den richtigen Pfad euch führen,
und möge die Magie eurer Liebe
weiterwachsen, solange
ihr in Liebe zusammenbleibt,
denn eure Ehe ist eine heilige Verbindung
der weiblichen und männlichen Aspekte
der Gottheit.

Legen Sie den Kristall wieder auf den Altar zurück, und segnen Sie die Eheringe mit etwas Salz und Wasser. Sprechen Sie dabei:

Mit Salz und Wasser
säubere und wasche ich
diese wunderschönen Symbole der Liebe rein.
Alle negativen Schwingungen,
Unreinheiten und Widrigkeiten
sollen von jetzt an daraus vertrieben sein!
Und alles, das positiv, liebevoll und gut ist
fließe hier und jetzt in sie hinein.
Gesegnet seien diese Ringe
im heiligen Namen der Göttin.
So soll es sein.

Anschließend steckt der Bräutigam der Braut ihren Ring an und sie ihm den seinigen. Nun können sie ihre Gelübde austauschen, die jeder in eigenen Worten vor der Zeremonie niedergeschrieben hat.

Nachdem die Gelübde der Liebe ausgesprochen wurden, segnen Sie die Kordeln auf die gleiche Art und Weise wie die Eheringe. Halten Sie dann die Kordeln nebeneinander, lassen Sie den Mann und die Frau jeweils ein Ende fassen und einen Knoten binden, während sie ihre gegenseitige Liebe ausdrücken. Binden Sie die Kordeln in der Mitte zusammen, und sprechen Sie:

Mit den Knoten dieser Kordel wird eure Liebe vereint.

Nehmen Sie die geknotete Kordel, und binden Sie die Hände der Braut und ihres Bräutigams zusammen. Beschwören Sie ein weißes Licht der Energie und des Schutzes der Göttin herauf, das das Paar umgibt, während ihre Auren zu einer verschmelzen und jeder der

Anwesenden Energie aufbaut, indem wiederholt und freudevoll gesungen wird: *Liebe! Liebe! Liebe!*

Nachdem Sie die Energie, die für die Braut, den Bräutigam und die Hochzeit aufgebaut wurde, geerdet haben, lassen Sie für ein paar Momente Stille einkehren und sprechen dann:

Mit der Kraft der Göttin
und ihres Gehörnten Gefährten
erkläre ich euch nun
zu Mann und Frau,
solange ihr in Liebe zusammenlebt.
So soll es sein.

Die Gäste können nun die Frischvermählten hochleben lassen, applaudieren und ihnen ihre Glückwünsche aussprechen. Danken Sie der Göttin und dem Gott, und heben Sie den Kreis auf. Legen Sie dann den Strohbesen auf die Erde, und lassen Sie die Braut und den Bräutigam gemeinsam darüber springen, während sie sich an der Hand halten.

Das Wicca-Handfasting-Ritual ist nun beendet und sollte von allen mit geweihtem Wein und einem Handfasting-Kuchen, der traditionell mit dem Zeremonienschwert des Konvents angeschnitten wird, gefeiert werden. (Siehe Seite 154 Handfasting-Kuchen-Rezept.)

Lichtmeß-Sabbat
(2. Februar)

Errichten Sie einen Altar nach Norden hin. Legen Sie einen geweihten Strohbesen davor. Bereiten Sie eine Krone aus 13 roten Kerzen vor, und legen Sie diese in die Mitte des Altars. Auf jede Seite der Krone stellen Sie eine

Kerze in der passenden Sabbat-Farbe. Links davon plazieren Sie ein Weihrauchfäßchen mit dem entsprechenden Räucherwerk und einen Zweig einer immergrünen Pflanze. (Ein kleiner Zweig des Jul-Baumes oder -Kranzes vom Vorjahr kann auch als Altardekoration verwendet werden.) Auf die rechte Seite stellen Sie einen Kelch mit Wasser (frisches Regenwasser oder geschmolzener Schnee, wenn möglich), einen kleinen Teller mit Erde oder Sand und ein geweihtes Athame.

Zeichnen Sie mit weißer Kreide oder Farbe einen Kreis von etwa drei Meter Durchmesser um den Altar herum. Verstreuen Sie etwas Salz innerhalb des Kreises, und ziehen Sie dann im Uhrzeigersinn den Kreis mit einem geweihten Zeremonienschwert oder einem Weidenstab nach. Sprechen Sie:

Mit Salz und heiligem Schwert
weihe und rufe ich dich an,
o Sabbat-Kreis der Magie und des Lichts.
Im heiligen Namen von Brigit
und unter ihrem Schutz
soll dieser Sabbat-Ritus nun beginnen.

Legen Sie das Zeremonienschwert dann auf den Altar vor die Kerzenkrone. Zünden Sie die beiden Altarkerzen an, und sprechen Sie:

O Feuergöttin des Frühlings,
ich bringe dir dieses
Symbol des Feuers dar.
So soll es sein.

Zünden Sie den Weihrauch an, während Sie sprechen:

O Feuergöttin des Frühlings,
ich bringe dir dieses

Symbol der Luft dar.
So soll es sein.

Nehmen Sie nun das Athame in Ihre rechte Hand, und zeichnen Sie mit der Spitze der Schneide ein Pentakel (fünfzackiger Stern) in die Erde oder den Sand. Sprechen Sie:

O Feuergöttin des Frühlings,
ich bringe dir
dieses Symbol der Erde dar.
So soll es sein.

Tauchen Sie die Spitze des Athames in den Kelch mit Wasser, und sprechen Sie:

O Feuergöttin des Frühlings,
ich bringe dir
dieses Symbol des Wassers dar.
So soll es sein.

Legen Sie das Athame auf den Altar zurück. Brennen Sie den Zweig Immergrün an, und stellen Sie sich vor, wie die Dunkelheit des Winters abbrennt und an ihre Stelle das warme Licht des neuen Frühlings tritt. Legen Sie den brennenden Zweig in das Weihrauchgefäß, und sprechen Sie:

Wie dieses Symbol des Winters
vom Feuer verzehrt wird,
so wird die Dunkelheit
vom Licht verzehrt.
So soll es sein.

Zünden Sie die Kerzenkrone an, und setzen Sie sich diese vorsichtig auf den Kopf. (Wenn dieses Sabbat-Ritual von einem Konvent vollzogen wird, ist es üblich, daß der Hohenpriester die Kerzen anzündet und die Krone auf das Haupt der Hohenpriesterin setzt.) Nehmen Sie das Athame in Ihre rechte Hand, und halten Sie es über Ihr Herz, während Sie sagen:

Wie die liebliche Cybele
trage ich eine Feuerkrone
auf meinem Haupt.
Wie Diana, gesegnete weise Göttin,
entzünde ich die roten Kerzen,
um ein Licht erstrahlen zu lassen über mein
Gebet für Friede und Liebe auf der Erde.
O, erhört mich, Geister der Luft.
Geister unten und Geister oben.
So soll es sein!

Legen Sie das Athame auf den Altar zurück, und beenden Sie den Ritus, indem Sie den Kreis gegen den Uhrzeigersinn mit dem Besen auskehren, um ihn aufzuheben und das „Auskehren des Alten" zu symbolisieren. Zum Schluß löschen Sie die Kerzen und stellen die Krone auf den Altar zurück.

Frühjahrs-Tagundnachtgleiche-Sabbat
(Frühlingsanfang)

Zuerst ziehen Sie mit weißer Kreide oder Farbe einen Kreis von etwa drei Meter Durchmesser. In der Mitte des Kreises errichten Sie nach Norden einen Altar. In die Mitte des Altars stellen Sie eine Kerze in der entsprechenden Sabbat-Farbe. Rechts neben der Kerze (Osten) plazieren Sie ein Weihrauchfäßchen mit passendem Räucherwerk oder ein anderes Weihrauchgefäß mit einem heißen Holzkohlestück, worauf Salbei verbrannt werden kann. Links von der Kerze (Westen) stellen Sie eine Schale mit hartgekochten Eiern, die mit Runen, Fruchtbarkeitszeichen und anderen magischen Symbolen dekoriert sind. Vor die Kerze (Süden) legen Sie ein geweihtes Athame und ein geweihtes Zeremonienschwert.

Nachdem Sie etwas Salz auf den Kreis gestreut haben, um ihn zu reinigen, nehmen Sie das Zeremonienschwert und ziehen den Kreis im Uhrzeigersinn nach, wobei Sie im Osten beginnen. Während Sie den Kreis ziehen, sprechen Sie:

Gesegnet sei dieser Sabbat-Kreis
im himmlischen Namen von Ostara,
Göttin der Fruchtbarkeit und des Frühlings.
In ihrem heiligen Namen
und unter ihrem Schutz
soll dieser Sabbat-Ritus nun beginnen.

Legen Sie anschließend das Schwert auf den Altar zurück, und entzünden Sie die Kerzen und das Räucherwerk. Nehmen Sie das Athame in Ihre rechte Hand, und knien Sie sich dann vor den Altar, wobei Sie die Klinge des Athames vor Ihr Herz halten. Sprechen Sie:

Gesegnet sei die Göttin der Fruchtbarkeit,
gesegnet sei Ihr Frühlingsfest.
Gesegnet sei der Sonnengottkönig,
gesegnet sei sein heiliges Licht.

Halten Sie die Klinge des Athames vor Ihre Stirn in Höhe des Dritten Auges. Sprechen Sie:

Die Sonne hat den Himmelsäquator überschritten,
und damit Sonne und Mond die gleichen Stunden zugeteilt.

Endlich wird der Frühling der Göttin wiedergeboren,
ihre Schönheit schenkt
Blumen und Bäumen Leben.

Gesegnet sei die himmlische Grüne Göttin,
sie ist die Schöpferin allen Lebens.
Gesegnet sei der Herr der Grünen Wälder.
Für Göttin und Gott
singe ich dieses Lied.

Erwache einer, erwachet alle
und hört den Ruf der Göttin erschallen.
Gesegnet sei unsere Mutter Erde,
möge sie erfüllt sein mit Friede,
Magie und Liebe.

Die Göttin haucht Leben ein.
Die Göttin schenkt Leben.
Die Göttin ist Leben.
Sie herrscht über alles.
So soll es sein!

Beenden Sie das Ritual, indem Sie die Kerzen löschen und den Kreis mit dem Zeremonienschwert gegen den Uhrzeigersinn aufheben.

Die Eier können als Teil des Sabbat-Festessens zur Frühjahrs-Tagundnachtgleiche verzehrt werden, die Schalen als Opfergabe an Mutter Erde in ein offenes Feuer geworfen oder im Boden vergraben werden.

Beltane-Sabbat
(1. Mai)

Der Hexen-Sabbat Beltane beginnt offziell mit dem Mondaufgang am Vorabend zum ersten Mai und wird traditionell auf einem Berggipfel gefeiert, wo die riesigen Beltane-Freudenfeuer entzündet werden, um dem Sommer den Weg zu weisen und die Fruchtbarkeit der Tiere, der Felder und in den Häusern zu steigern. (In alten Zeiten wurden in Irland die großen Freudenfeuer, die den lebensspendenden Sonnengott symbolisierten, durch den Funken einer Flinte oder das Aneinanderreiben von zwei Stöcken entfacht.)

Wenn Sie diesen Sabbat in einem Gebäude feiern wollen, kann ein Beltane-Feuer in einem offenen Kamin entzündet werden. (Hängen Sie einen Ebereschenast oder -zweig über das Feuer, um die Schutzgeister Ihres Heimes und Ihrer Familie zu ehren sowie um Glück in Ihr Haus zu bringen und alle mißgünstigen Geister, Elfen und unglückbringendes Feenvolk fernzuhalten.) Sollten Sie keinen offenen Kamin haben, können Sie 13 dunkelgrüne Kerzen anzünden, um das Beltane-Feuer zu symbolisieren.

Kleiden Sie sich in leuchtende Frühlingsfarben (sofern Sie es nicht vorziehen, nackt zu arbeiten), und schmücken Sie Ihr Haar mit vielen farbenprächtigen und duftenden Blumen. (Bevor Sie sich für die Zeremonie anziehen, sollten Sie meditieren und bei Kerzenschein ein Kräuterbad nehmen, um Ihren Körper und Ihre Seele von jeglichen Unreinheiten oder negativen Energien zu reinigen.)

Beginnen Sie, indem Sie einen Kreis von etwa drei Meter Durchmesser bilden und einen Altar Richtung Osten in dessen Mitte aufbauen. Oben, in die Mitte des Altars stellen Sie zwei kleine Statuetten, die die Göttin der Fruchtbarkeit und Ihren Gefährten, den Gehörnten Gott, repräsentieren. Auf jede Seite davon stellen Sie ein Gefäß mit Weihrauch und Salomonssiegel. Auf der rechten Altarseite plazieren Sie ein geweihtes Athame und einen Kelch mit Wein. Zünden Sie 13 dunkelgrüne Kerzen an, und stellen Sie sie am Kreis entlang auf.

Bereiten Sie eine Krone aus Frühlings-Wildblumen vor, wie Gänseblümchen, Schlüsselblumen, gelben Sumpfdotterblumen oder Ringelblumen, und legen Sie sie auf den Altar vor die Symbole der Göttin und des Gottes.

Ein kleiner Maibaum (etwa ein Meter hoch) kann rechts neben dem Altar aufgestellt und mit Blumen und leuchtendbunten Bändern verziert werden.

Knien Sie sich vor den Altar. Entzünden Sie die Altarkerzen und das Räucherwerk. Nun schließen Sie die Augen, konzentrieren sich auf das Bild der Göttin und des Gottes und sprechen:

Zu Ehren der Göttin und des Gehörnten Gottes
und unter deren Schutz
soll dieser Sabbat-Ritus nun beginnen.

Erheben Sie sich wieder. Nehmen Sie das Athame vom Altar, und strecken Sie es zum Gruß nach Osten hin. Sprechen Sie:

O Göttin alles Wilden und Freien,
diesen Kreis weihe ich dir.

Strecken Sie jetzt Ihr Athame zum Gruß nach Süden aus. Sagen Sie:

Gesegnet sei die Jungfrau des Frühlings,
für die ich dies Liebesgebet sing.
Sie macht die Wälder und Wiesen grün,
o Göttin der Natur,
sie herrscht allmächtig.

Strecken Sie Ihr Athame zum Gruß nach Westen aus, und sprechen Sie:

Weihrauch und Salomonssiegel,
bejubelt freudig sie, die dreht das Rad.

Zuletzt grüßen Sie mit ausgestrecktem Athame nach Norden und sprechen:

Gesegnet sei der Gott des Frühlings,
für den ich dies Liebesgebet sing.
Heiliger Gott der Dunkelheit,
heiliger Gott des Lichts,
seine befruchtende Kraft
feiere ich heut Nacht.

Legen Sie das Athame auf den Altar zurück. Nehmen Sie die Krone aus Wildblumen, und setzen Sie sie sich auf. (Wenn dieses Sabbat-Ritual von einem Konvent gefeiert wird, ist es üblich, daß der Hohepriester die Krone aus Wildblumen der Hohenpriesterin auf das Haupt setzt.) Knien Sie sich vor den Altar, das Gesicht den Bildnissen der paganen Gottheiten zugewandt. Strecken Sie die Arme aus, und sprechen Sie:

Geister des Wassers und Geister der Luft,
ich bitte euch nun, mein Gebet zu erhören:
Laßt den Himmel und die See rein
und das Land fruchtig grün sein.
Geister des Feuers,
Geister der Mutter Erde,
laßt die Welt gesegnet sein
mit Freude, Liebe und Friede.

Nehmen Sie den Weinkelch auf, und halten Sie ihn in Armeslänge vor sich, während Sie ein wenig Wein auf den

Boden gießen als Trankopfer für die Göttin und den Gehörnten Gott. Schließen Sie die Augen, und sprechen Sie:

Heilige Beltane-Feuer brennt,
den Weg für die Rückkehr der Sonne erhellt.
Des Winters Dunkelheit ist nun vorbei,
das Große Rad des Lebens dreht sich erneut.
So soll es sein!

Trinken Sie den Rest des Weins aus dem Kelch, und stellen Sie ihn dann wieder auf den Altar zurück. Löschen Sie die Kerzen, das Räucherwerk soll von alleine ausbrennen.

Das Ritual ist nun beendet. Daran schließt sich ein fröhliches Festessen, Singen und Tanzen in der Richtung des Laufs der Sonne um das Beltane-Feuer oder einen dekorierten Maibaum an, um die heilige Vereinigung der Göttin und Ihres Gefährten, des Gehörnten Gottes, zu symbolisieren.

Sommersonnwende-Sabbat
(Sommeranfang)

Traditionell wird das folgende Ritual auf einer Waldlichtung, in einem abgelegenen Garten, auf einem Berggipfel oder einem anderen Ort in der Natur vollzogen.

Beginnen Sie, indem Sie auf der Erde einen großen Kreis von etwa drei Meter Durchmesser mit Steinen bilden. Mit einem geweihten Zeremonienschwert oder einem langen Holzstab (vorzugsweise ein frischgeschnittener Ebereschenstab) zeichnen Sie das mächtige und äußerst magische Zeichen des Pentagramms (fünfzackiger Stern) innerhalb des Steinkreises. Zünden Sie fünf grüne

Kerzen an, die die Kräfte der Natur und der Fruchtbarkeit symbolisieren, und stellen Sie jede an eine Spitze des Pentagramms. Dabei beginnen Sie am östlichen Punkt und gehen im Uhrzeigersinn weiter.

Errichten Sie einen Altar, oder legen Sie einen großen, flachen Stein als Altar in die Mitte des Pentagramms in Richtung Norden. Stellen Sie darauf eine Statue, die die Göttin symbolisiert. Neben der Statue zünden Sie auf jeder Seite eine weiße Altarkerze an. Rechts (Osten) plazieren Sie eine geweihte Altarglocke und ein Räucherfäßchen mit Weihrauch und Myrrhe. Links (Westen) stellen Sie einen Kelch mit Wein hin, einen kleinen Teller mit Salz und eine kleine Schüssel mit Wasser (am besten frisches Regenwasser).

Segnen Sie den Wein, indem Sie Ihre Handflächen über den Kelch halten, während Sie sagen:

Ich segne und weihe diesen Wein
im heiligen Namen der Göttin.

Sprenkeln Sie etwas Salz und ein paar Tropfen Wasser über die Altarglocke, und segnen Sie sie mit den Worten:

Mit Salz und Wasser
weihe und segne ich diese Glocke
im heiligen Namen der Göttin.
Gesegnet sei sie.

Entzünden Sie nun Weihrauch und Myrrhe. Erheben Sie die Arme zum Himmel, schließen Sie die Augen, und lassen Sie in Ihrem Geist angenehme Gedanken und Visionen von der Muttergöttin aufsteigen, während Sie sprechen:

O gesegnete Mutter Erde,
Mutterleib-Göttin, Schöpferin von allem,

dieser heilige Kreis ist dir geweiht.
In deinem heiligen Namen
und unter deinem Schutz
soll dieser Sabbat-Ritus
nun beginnen.

Jetzt lassen Sie die Glocke dreimal erklingen und intonieren folgende Anrufung:

Heiliger weiblicher Luftgeist,
Jungfrau des Feuers, schöne und holde
Mutter Erde, Lebensspenderin,
Greisin des Wassers, alterslos und weise,
ich rufe nun dein göttliches Bild herbei!

Legen Sie die Glocke auf den Steinaltar zurück, und führen Sie danach mit beiden Händen den Weinkelch an Ihre Lippen. Trinken Sie etwas von dem Wein, und gießen Sie den Rest über die Mitte des Pentagramms als Trankopfer für die Göttin mit den Worten:

Diesen gesegneten Wein vergieße ich
als Opfergabe für dich,
o gütige Göttin der Liebe,
der Fruchtbarkeit und des Lebens.

Stellen Sie den leeren Kelch auf den Altar zurück. Läuten Sie nochmals dreimal mit der Glocke, und sprechen Sie:

Mit der Sonne im Zenith
vollziehe ich dieses Sonnwendritual
zu deinen Ehren, o große Göttin,
und in deinem heiligen Namen
lobpreise ich nun.

Wenn die Tage des Sonnenlichts abnehmen,
werden deine göttlichen Kräfte der Liebe und
Heilung stärker.

Knien Sie sich anschließend vor den Altar, und bringen Sie nochmals etwas Räucherwerk als Opfergabe dar. Lassen Sie die Glocke erklingen zum Lob der Göttin. Sprechen Sie dann mit lauter und von Freude erfüllter Stimme:

Gesegnet sei die Göttin!
Gesegnet sei die Göttin!

Die Göttin ist Leben.
Die Göttin ist Liebe.
Sie dreht das Große Sonnenrad,
das die Jahreszeiten ändert
und neues Leben in die Welt bringt.

Gesegnet sei die Göttin!
Gesegnet sei die Göttin!

Die Göttin ist der Mond und die Sterne.
Die Göttin ist das Meer und die Erde.
Die Göttin ist der Kreislauf der Jahreszeiten.
Sie ist Leben, sie ist Tod.
Sie ist Wiedergeburt.
Sie ist Tag, sie ist Nacht.
Sie ist Dunkelheit, sie ist Licht.
Sie ist alles Wilde und Freie.
So soll es sein!

An den Ritus der Sommersonnwende sollte sich ein heiteres Festmahl anschließen sowie das fröhliche Singen magischer paganer Volkslieder und/oder das Aufsagen von Gedichten, die von der Göttin inspiriert wurden.

Die Sommersonnwende ist die traditionelle Zeit, um magische Kräuter für Zauber und Tränke (vor allem für Liebesmagie!) zu ernten. Es ist gleichfalls die ideale Zeit für Wahrsagungen und Heilungsrituale sowie zum Schneiden von Stäben und Wünschelruten.

Lammas-Sabbat
(1. August)

Bilden Sie einen Kreis von etwa drei Meter Durchmesser. Im Zentrum errichten Sie nach Norden hin einen Altar, auf den Sie eine Kerze in der entsprechenden Sabbat-Farbe stellen. Links neben die Kerze (Westen) stellen Sie einen Kelch mit Wasser (am besten frisches Regenwasser oder Quellwasser aus den Bergen) und einen feuerfesten Teller oder eine flache Schale mit einer neuen Kornpuppe sowie der des letztjährigen Lammas-Sabbats. Rechts neben der Kerze (Osten) plazieren Sie ein Weihrauchfäßchen mit Sandelholz oder Rosenduft sowie einen Teller mit Salz, Erde oder Sand, um das Element Erde zu repräsentieren. Vor die Kerze (Süden) legen Sie ein geweihtes Athame und ein geweihtes Zeremonienschwert.

Verstreuen Sie etwas Salz, um den Kreis zu segnen. Dann ziehen Sie mit der Spitze des Zeremonienschwertes im Uhrzeigersinn den Kreis nach. Beginnen Sie im Osten, und sprechen Sie:

Mit Salz und heiligem Schwert
weihe und rufe ich dich an,
o Sabbat-Kreis der Magie und des Lichts.
Im heiligen Namen der Göttin
und unter ihrem Schutz
soll dieser Sabbat-Ritus
nun beginnen.

Legen Sie das Zeremonienschwert auf den Altar zurück. Brennen Sie die Kerze an, und sagen Sie:

In diesem geweihten Sabbat-Kreis
beschwöre ich euch nun,
o heilige Geister
des alten und mystischen Elements Feuer.

Entzünden Sie das Räucherwerk, und sprechen Sie:

In diesem geweihten Sabbat-Kreis
beschwöre ich euch nun,
o heilige Geister
des alten und mystischen Elements Luft.

Nehmen Sie das Athame in die rechte Hand, und zeichnen Sie mit der Spitze der Klinge ein Pentagramm (fünfzackiger Stern) in das Salz, die Erde oder den Sand. Sagen Sie:

In diesem geweihten Sabbat-Kreis
beschwöre ich euch nun,
o heilige Geister
des alten und mystischen Elements Erde.

Tauchen Sie die Klinge des Athames in den Kelch mit Wasser, und sprechen Sie:

In diesem geweihten Sabbat-Kreis
beschwöre ich euch nun,
o heilige Geister
des alten und mystischen Elements Wasser.

Legen Sie nun das Athame auf den Altar zurück. Nehmen Sie die neue Kornpuppe, und plazieren Sie sie rechts neben der Kerze. Sprechen Sie:

O Herrscherin der Ernte,
ich danke dir für deine Unterstützung
in den kommenden Jahrezeiten
durch die Fülle dieser Ernte
So soll es sein.

Nehmen Sie die alte Kornpuppe, und entzünden Sie sie an der Kerzenflamme. Legen Sie sie in die feuerfeste Schale oder den Teller. Während die Puppe brennt, rezitieren Sie folgenden magischen Sabbat-Reim:

Herrscherin der vergangenen Ernte, brenne nun.
Bei der Göttin sollst du jetzt wieder ruhn.
Segne mich mit dem Glück und der Liebe
des Gottes und der Göttin in der Höh.
So soll es sein!

Beenden Sie das Ritual, indem Sie die Elementargeister entlassen, die Kerze löschen und den Kreis aufheben, wobei Sie ihn mit dem Zeremonienschwert gegen den Uhrzeigersinn beschreiben.

Vergraben Sie die Asche der alten Kornpuppe als Opfergabe an Mutter Erde, und bewahren Sie die neue für den Lammas-Sabbat des kommenden Jahres auf.

Herbst-Tagundnachtgleiche-Sabbat
(Herbstanfang)

Zuerst bilden Sie einen Kreis von etwa drei Meter Durchmesser. Im Zentrum errichten Sie nach Norden einen Altar. Darauf stellen Sie eine Kerze in der passenden Sabbat-Farbe, einen Kelch mit Wasser, ein Athame, einen Teller mit Salz, Erde oder Sand, eine geweihte Altarglocke und ein Weihrauchfäßchen. (Folgende Räucherdüfte sind an diesem Sabbat heilig: Benzoe, roter Mohn, Myrrhe, Passionsblume und Salbei.)

Schmücken Sie den Altar mit traditionellen Feiertagsdekorationen, wie Eicheln, Kiefernzapfen, Ringelblumen, weißen Rosen und Disteln. Die Blumen können in Bouquets oder Girlanden für den Altar oder den Kreis arrangiert oder als Krone auf dem Kopf getragen werden.

Verstreuen Sie innerhalb des Kreises etwas Salz. Dann ziehen Sie den Kreis mit einem geweihten Zeremonienschwert oder Stab nach und sprechen:

Mit Salz und geweihtem Schwert
weihe und ziehe ich diesen Sabbat-Kreis.
Im heiligen Namen der Göttin
und unter ihrem Schutz
soll dieser Sabbat-Ritus nun beginnen.

Entzünden Sie die Kerze und den Räucherduft. Läuten Sie mit Ihrer linken Hand dreimal die Altarglocke, um mit dem Tagundnachtgleiche-Ritus und der Anrufung der Elementargeister zu beginnen. Dann nehmen Sie das Athame in Ihre rechte Hand, wenden sich nach Osten und sagen:

O heilige Sylphen der Luft
und Elementkönige des Ostens,
ich rufe euch an und gebiete euch,
zu kommen und an diesem
Sabbat-Ritus teilzunehmen
in diesem geweihten Kreis.

Wenden Sie sich danach nach Süden, und sprechen Sie folgenden Spruch:

O heilige Salamander des Feuers
und Elementkönige des Südens,

ich rufe euch an und gebiete euch,
zu kommen und an diesem
Sabbat-Ritus teilzunehmen
in diesem geweihten Kreis.

Drehen Sie sich dann nach Westen. Sprechen Sie folgenden Spruch:

O heilige Undinen des Wassers
und Elementkönige des Westens,
ich rufe euch an und gebiete euch,
zu kommen und an diesem
Sabbat-Ritus teilzunehmen
in diesem geweihten Kreis.

Wenden Sie sich zuletzt nach Norden, und sagen Sie:

O heilige Gnome der Erde
und Elementkönige des Nordens,
ich rufe euch an und gebiete euch,
zu kommen und an diesem
Sabbat-Ritus teilzunehmen
in diesem geweihten Kreis.

Läuten Sie dreimal mit der Glocke, und stellen Sie sie auf den Altar zurück. Strecken Sie Ihren rechten Arm aus, und richten Sie die Spitze des Athames nach oben zum Himmel. Sprechen Sie:

Luft, Feuer, Wasser, Erde,
vom Mutterleib zum Leben, vom Tod zur Wiedergeburt.
Das Große Rad der Jahreszeiten dreht sich,
das heilige Sabbat-Feuer brennt.
Wir sind alle Kinder der Göttin,
und zu ihr werden wir zurückkehren.

Tauchen Sie die Klinge des Athames in den Kelch mit Wasser und dann in den Teller mit Salz, Erde oder Sand, und sagen Sie:

Gesegnet sei die Göttin der Liebe,
Schöpferin von allem Wilden und Freien.
Die Wärme des Sommers
muß nun enden.
Das Große Sonnenrad
hat sich erneut gedreht.
So soll es sein!

Lassen Sie die Altarglocke dreimal erklingen, um den Ritus zu beenden. Verabschieden Sie die Elementargeister, und danken Sie der Göttin. Dann heben Sie den Kreis mit dem Zeremonienschwert oder Stab auf, indem Sie ihn gegen den Uhrzeigersinn zeichnen.

Samhain-Sabbat
(31. Oktober)

In vielen Wicca-Traditionen ist es üblich, daß eine Hexe einen ganzen Tag lang fastet, bevor Sie das Samhain-Sabbat-Ritual vollzieht.

Nach einem rituellen Bad in Salzwasser zur Reinigung des Körpers und der Seele von allen Unreinheiten und negativen Energien, kleiden Sie sich in eine lange, schwarze Zeremonienrobe (oder Sie arbeiten nackt), legen eine handgearbeitete Halskette um und setzen eine Krone aus Eichenblättern auf den Kopf.

Beginnen Sie, indem Sie mit weißer Kreide oder Farbe einen Kreis von drei Meter Durchmesser zeichnen. Stellen Sie 13 schwarze und orangefarbene Kerzen entlang des Kreises auf. Während Sie jede einzelne anzünden, sprechen Sie:

Samhain-Kerze, des Feuers so hell,
weihe diesen Kreis des Lichts.

Im Zentrum des Kreises errichten Sie einen Altar nach Norden hin. In die Mitte des Altars stellen Sie drei Kerzen (eine weiße, eine rote und eine schwarze), um die verschiedenen Phasen der Dreifachen Göttin darzustellen. Links (Westen) neben die Kerzen stellen Sie einen Kelch mit Apfelwein und einen Teller mit Meersalz. Rechts (Osten) neben den Kerzen plazieren Sie ein Weihrauchfäßchen mit Kräuterduft und eine kleine Schale mit Wasser. Vor den Kerzen (Süden) plazieren Sie eine Messing-Altarglocke, ein geweihtes Athame und einen roten Apfel.

Läuten Sie dreimal mit der Altarglocke, und sagen Sie:

Im heiligen Namen der Göttin
und unter ihrem Schutz
soll dieser Sabbat-Ritus nun beginnen.

Versprengen Sie etwas Salz und Wasser an jedem Kompaßpunkt entlang des Kreises, um den Ort von negativen und schlechten Einflüssen zu reinigen. Nehmen Sie das Athame in die rechte Hand, und sprechen Sie:

Hört, ihr Elemente
Luft, Feuer, Wasser, Erde,
mit Glocke und Klinge rufe ich euch herbei
in dieser heiligen Nacht der Freude.

Tauchen Sie das Athame in den Kelch mit Apfelwein, und sprechen Sie:

O Göttin, dir bringe ich diesen
Nektar der Jahreszeit dar.

Legen Sie das Athame auf den Altar zurück. Entzünden Sie das Räucherwerk und die drei Altarkerzen, während Sie sprechen:

Drei Kerzen zünde ich an,
zu deinen Ehren, o Göttin:
weiß für die Jungfrau,
rot für die Mutter,
schwarz für die weise alte Frau.

O Göttin von allem Wilden und Freien,
stark und liebevoll, fair und gerecht,
diesen heiligen Tempel erhebe ich zu dir,
in vollkommener Liebe,
in vollkommenem Vertrauen.

Nehmen Sie den Kelch mit beiden Händen auf, und lassen Sie ein paar Tropfen des Cidres auf den Apfel fallen, sagen Sie:

In den Schoß der Muttergöttin
kehrt der Gehörnte Gott nun zurück,
bis zu dem Tag, an dem er aufs neue
wiedergeboren wird.
Das Große Sonnenrad dreht sich erneut.
Nie endet der Kreislauf der Jahreszeit.

Gesegnet seien die Seelen derer,
die hinübergegangen sind
in die dunkle Welt der Toten.
Ich vergieße diesen Nektar
zu ihrer Ehre und ihrem Gedenken.
Möge die Göttin sie segnen

mit Licht, Schönheit und Freude.
Gesegnet seien sie!
Gesegnet seien sie!

Trinken Sie den restlichen Apfelwein, und stellen Sie den Kelch an seinen Platz auf dem Altar zurück. Läuten Sie anschließend dreimal mit der Glocke. Dann heben Sie den Kreis auf, indem Sie die orangefarbenen und schwarzen Kerzen löschen, wobei Sie im Osten beginnen und sich gegen den Uhrzeigersinn vorarbeiten.

Nehmen Sie den Apfel vom Altar, und vergraben Sie ihn draußen in der Erde als Nahrung für die Seelen, die im letzten Jahr gestorben sind.

Das Samhain-Ritual ist nun beendet. Jetzt sollte sich eine Meditation anschließen, Wahrsagungen mit der Kristallkugel, das Rezitieren mystischer, von der Göttin inspirierter Poesie sowie ein Hexengebet für die Seelen aller Familienmitglieder und Freunde, die in die geistige Welt übergegangen sind.

Wintersonnwend-Sabbat
(Winteranfang)

Errichten Sie nach Norden einen Altar. Ziehen Sie um diesen mit weißer Kreide oder Farbe einen Kreis von etwa drei Meter Durchmesser. Schmücken Sie den Altar mit Stechpalme, Mistelzweig oder anderen Pflanzen, die an diesem Sabbat heilig sind.

Plazieren Sie eine weiße Altarkerze in der Mitte des Altars. Links neben die Kerze stellen Sie einen Kelch mit Rotwein oder Apfelwein sowie ein Weihrauchgefäß. (Jeder der folgenden Räucherdüfte ist für dieses Ritual geeignet: Lorbeer, Zeder, Pinie oder Rosmarin.) Rechts neben die Kerze kommt ein geweihtes Athame und ein Teller mit Salz. Hinter den Altar legen Sie einen Julscheit aus Eichenholz, auf dem 13 grüne und rote Kerzen befestigt sind.

Nehmen Sie das Athame in Ihre rechte Hand, und schaufeln Sie mit der Spitze der Klinge etwas Salz auf. Lassen Sie das Salz vom Athame in den Kreis rieseln. Wiederholen Sie dies dreimal, und sprechen Sie:

Gesegnet sei dieser Sabbat-Kreis
im Namen des großen Gehörnten Gottes.
Dem göttlichen Herrscher der Dunkelheit
und des Lichts.
Dem Gott des Todes und von allem, was
danach kommt.
Gesegnet sei dieser heilige Sabbat-Kreis
in seinem Namen.

Legen Sie das Athame an seinen Platz auf dem Altar zurück. Nachdem Sie das Räucherwerk und die Kerze angezündet haben, nehmen Sie das Athame nochmals in die rechte Hand. Tauchen Sie die Klinge in den Kelch, und sprechen Sie:

O große Göttin,
Erdenmutter von allem, was lebt,
wir sagen dir Lebewohl,
da du dich nun zur Ruh' begibst.
Gesegnet seist du!

Und wir heißen dich willkommen,
o großer Gehörnter Gott der Jagd,
Erdenvater von allem, was lebt.
Gesegnet seist du!

Wasser, Luft, Feuer, Erde,
wir feiern die Wiedergeburt der Sonne.
In dieser dunklen und längsten Nacht
verbrennen wir die heiligen Kerzen
mit hellem Schein.

Legen Sie das Athame auf den Altar zurück, und nehmen Sie den Kelch in beide Hände. Während Sie ihn zu Ihren Lippen führen, sprechen Sie:

Diesen Wein trinke ich, um dich zu ehren,
o Gott alles Wilden und Freien.
Wir danken dir für das Licht der Sonne.
Heil dir, o großer Gehörnter!

Trinken Sie den Wein, und stellen Sie dann den Kelch an seinen Platz auf dem Altar zurück. Entzünden Sie die 13 Kerzen auf dem Julscheit, und beenden Sie den Wintersonnwend-Ritus mit den Worten:

Das heilige Julscheit-Feuer brennt,
das Große Sonnenrad erneut sich dreht.
So soll es sein!

Speisen und feiern Sie fröhlich mit Familie und Freunden, bis die letzte Kerze auf dem Julscheit abgebrannt ist.

KAPITEL 5:

Die Kunst der Magie

Das Praktizieren magischer Rituale ist eine uralte Kunst, die es überall auf der Welt gibt.

Magie ist eine Kraft, die die psychische Energie mit Willenskraft verbindet, um „Übernatürliches“ zu bewirken, um Veränderungen mit dem Ziel der Übereinstimmung herbeizuführen und um Naturereignisse zu kontrollieren. Sie steigert den Fluß des Göttlichen und kann für konstruktive oder auch destruktive Zwecke eingesetzt werden.

Magie ist eine neutrale Kraft, die weder schlecht noch gut ist. Die Richtung (gut oder böse), in die die Kraft wirkt, wird vom Ausübenden bestimmt. Durch das Gesetz des dreifachen Karmas, das besagt, daß alles, was man tut, in diesem Leben dreifach auf einen selbst zurückfällt, wäre es für jede Hexe oder jeden Magier ein Akt der Selbstzerstörung, schwarze Magie einzusetzen, um anderen zu schaden.

Magie ist ein mächtiges Instrument. Sie ist ein wichtiger Bestandteil des Wicca-Kults, obwohl ihr bei der Verehrung der Göttin und Ihres Gefährten, des Gehörnten Gottes, nur eine zweitrangige Bedeutung zukommt.

Eines der entscheidenden Elemente bei der Ausübung von Magie ist das Gefühl. Es ist unbedingt erforderlich, daß Sie sehr starke Empfindungen bezüglich dessen haben, was Sie erreichen möchten. Nur dann können Sie die Kraft erzeugen, die notwendig ist, um Magie durchzuführen.

Ebenfalls ist es wichtig, mit kreativer Visualisierung zu arbeiten, auch bezeichnet als „vom Willen geführte Imagination". Dies ist die magische Kunst oder Fähigkeit, sich die Ergebnisse Ihrer Magie vorzustellen, um Ihre Wünsche zu materialisieren. Manche Menschen haben dafür eine natürliche, von der Göttin gegebene Gabe. Die meisten von uns müssen jedoch ihre Kräfte aktivieren und entwickeln, und zwar durch sehr viel Übung, Schulung der Konzentration und Meditation. Wenn Sie Zauber wirken, müssen Sie sich immer stark konzentrieren und Ihren Geist mit einem klaren, mentalen Bild, von dem was Sie wollen oder brauchen, füllen.

Ohne Gefühl und kreative Visualisierung ist es äußerst schwer (wenn nicht sogar unmöglich), wirkungsvolle Magie auszuüben.

Sie werden auch feststellen, daß Sie bessere Ergebnisse erzielen, wenn Sie selbst Zauber wirken und/oder Ihre eigenen Amulette, Talismane oder Tränke herstellen, als wenn Sie sich auf jemand anderen verlassen (vor allem einen Fremden), der die Magie für Sie praktiziert. Wenn Sie selbst einen Zauber ausführen, stärken Sie das magische Ritual mit Ihren eigenen emotionalen, spirituellen und psychischen Schwingungen.

Setzen Sie die Magie weise, mit Sorgfalt und *nur* positiv ein. Jede Art von Magie ist eine ernstzunehmende Angelegenheit und sollte nie mißbraucht oder als ein Gesellschaftsspiel oder ein Spaß angesehen werden. Verwenden Sie nie irgendeine Form von Magie, um den Willen oder die Gefühle einer anderen Person zu manipulieren, und behalten Sie immer den Hexenkodex im Hinterkopf, der besagt: *Und schadet es niemandem, tu was du willst.* Schwarze Magie wird Ihnen nicht nur ein dreifach schlechtes Karma bringen, sie wird auch nach „hinten losgehen" und für Sie verheerende Folgen haben.

Bevor Sie Magie ausüben, ist es immer ratsam, eine Zukunftsbefragung durchzuführen, um festzustellen, ob die Ergebnisse Ihrer Magie positiv oder negativ ausfallen werden. Sie können dazu eine Kristallkugel, Tarot-Karten, Kerzen, Runensteine oder auch andere Methoden einsetzen. Wenn Sie die Kunst der Wahrsagung nicht beherrschen, sollten Sie eine erfahrene Hexe oder einen angesehenen Meister der okkulten Künste aufsuchen.

Magie ist mächtig, und sie wirkt. Manche Zauber müssen Sie vielleicht mehrmals wiederholen, bis Sie sie richtig beherrschen, vor allem wenn Sie ein Neuling auf dem Gebiet der Magie sind. Lassen Sie sich von Fehlschlägen nicht entmutigen. Mit genug Übung und Praxis werden Sie bald ein „Gespür" für Magie entwickeln und in der Lage sein, deren Kräfte für sich arbeiten zu lassen.

Ebenso wie es viele verschiedene Wicca-Traditionen gibt, existieren auch die verschiedensten Formen von Magie. Es gibt zeremonielle Magie, kabbalistische Magie, Schamanismus, Voodoo-Magie und vieles mehr. Die Auswahl der geeigneten Form (oder Formen) hängt ausschließlich von den persönlichen Vorlieben einer Hexe und/oder der Wicca-Tradition ab; viele praktizieren jedoch die von Europa beeinflußte Volksmagie.

Manche Hexen widmen ihr ganzes Leben dem Studium und der Ausübung von nur einer Form von Magie, während andere mit verschiedenen Arten experimentieren und diese praktizieren. Es ist eine rein individuelle Entscheidung.

Magie ist die Lehre der Naturgeheimnisse, und um Magie richtig einsetzen zu können, muß eine Hexe immer in vollkommener Harmonie mit den Naturgesetzen und ihrer Psyche arbeiten. Ein Bad in Salzwasser und die innerliche Reinigung durch das Einlegen eines Fastentags sind oft notwendig, bevor ein magisches Ritual durchgeführt wird, vor allem bei der zeremoniellen Magie. Um

Kraft erzeugen zu können, muß der physische Leib in einer guten Verfassung gehalten werden.

Den größten Einfluß auf die Magie hat der Mond. Für das Ergebnis der Magie ist es entscheidend, daß der Zauber und die Rituale in der richtigen Mondphase durchgeführt werden.

Für positive Magie und Zauber, die Liebe, Glück, sexuelles Verlangen und Wohlstand steigern, ist die Zeit des zunehmenden Mondes (die Zeit vom Neumond durch das erste Quartal zum Vollmond) richtig.

Ein voller Mond erhöht die übersinnliche Wahrnehmung und ist die richtige Zeit für Anrufungen der Mondgöttin, Fruchtbarkeits-Rituale und Zauber, die übersinnliche Fähigkeiten und prophetische Träume fördern.

Der abnehmende Mond (die Zeit vom Vollmond durch das letzte Quartal zum Neumond) ist optimal für destruktive Magie, negative Beschwörungen sowie Zauber, um Flüche, Verhexungen und Unglück zu beseitigen, um schlechte Beziehungen zu beenden, Liebeszauber und Aphrodisiaka aufzuheben, schlechte Gewohnheiten zu durchbrechen und um Fieber, Schmerzen und Krankheiten zu lindern.

Zusammengefaßt: Um erfolgreich Magie auszuüben, muß man sich in Harmonie mit den Naturgesetzen und der Seele befinden. Es ist wichtig, magisches Wissen, einen gesunden Körper und Geist sowie die Fähigkeit, Verantwortung für seine eigenen Handlungen zu übernehmen, zu besitzen. Dagegen ist es unmöglich, mit Magie positive Ergebnisse zu erzielen, wenn Sie nur wenig Energie haben oder Ihren Körper mit schädlichen Drogen und/oder durch übermäßigen Alkoholgenuß vergiften. Die richtige Mondphase, Überzeugung, Konzentration und Visualisierung des Endergebnisses sind die Geheimnisse der erfolgreichen Magie!

Planetarische Regenten und Ritual-Einflüsse der Wochentage

Sonntag: (regiert von der Sonne) ist der richtige Wochentag, um Zauber und Rituale durchzuführen, die Exorzismus, Heilung und Wohlstand zum Inhalt haben. *Farben*: orange, weiß, gelb. *Räucherdüfte*: Limone, Weihrauch.

Montag: (regiert vom Mond) ist der richtige Wochentag, um Zauber und Rituale zu vollziehen, die die Landwirtschaft, Tiere, weibliche Fruchtbarkeit, Botschaften, Versöhnung/Schlichtung, Diebstahl und Reisen betreffen. *Farben*: silber, weiß, grau. *Räucherdüfte*: African violett, Geißblatt, Myrte, Weide, Wermut.

Dienstag: (regiert von Mars) ist geeignet für Zauber und Rituale, die Mut, körperliche Kraft, Rache, militärische Ehren, chirurgische Eingriffe und das Brechen negativer Zauber beinhalten. *Farben*: rot, orange. *Räucherdüfte*: Drachenblut, Patschuli.

Mittwoch: (regiert von Merkur) ist der richtige Wochentag für Zauber und Rituale, die sich auf Kommunikation, Wahrsagung, Schreiben, Wissen und geschäftliche Transaktionen beziehen. *Farben*: gelb, grau, violett und alle opalisierenden Farbtöne. *Räucherdüfte*: Jasmin, Lavendel, Gartenwicke.

Donnerstag: (regiert von Jupiter) an diesem Tag sollten Zauber und Rituale durchgeführt werden, die sich um Glück, Zufriedenheit, Gesundheit, juristische Angelegenheiten, männliche Fruchtbarkeit, Reichtum und Wohlstand drehen. *Farben*: blau, purpur, indigo. *Räucherdüfte*: Zimt, Moschus, Muskat, Salbei.

Freitag: (regiert von Venus) ist der ideale Tag für Zauber und Rituale rund um Liebe, Romantik, Heirat/Ehe, Sexualität und Verführung, körperliche Schönheit,

Freundschaften und Partnerschaften. *Farben*: pink, grün, aqua, chartreuse. *Räucherdüfte*: Erdbeere, Sandelholz, Rose, Safran, Vanille.

Samstag: (regiert von Saturn) ist der richtige Wochentag, um Zauber und Rituale zu vollziehen, die Kommunikation mit Geistern, Meditation, psychischen Angriff oder psychische Abwehr sowie die Ortung von verlorenen Dingen und verschwundenen Personen einbeziehen. *Farben*: schwarz, grau, indigo. *Räucherdüfte*: scharzer Mohn, Myrrhe.

Charms (magische Beutel)

Das Wort „Charm" wird zwar oft als Beschreibung für ein Amulett oder einen Talisman verwendet, ist in Wirklichkeit jedoch ein magischer Gesang oder eine Anrufung, die als eine Zauberformel gesungen oder rezitiert wird oder ein Sprechgesang über ein Amulett oder einen Talisman, um diese zu weihen und mit magischer Energie aufzuladen.

Die Verwendung von „Charms" ist bei den Schamanen in vielen Teilen der Welt verbreitet, vor allem in Südamerika, wo Sprechgesänge fast jedes magische Ritual begleiten.

Charms werden in der Regel eingesetzt, um bevorstehende Gefahren oder Unheil abzuwenden, Krankheiten zu vertreiben, Geister zu rufen und generell um Glück anzuziehen.

Ein Gegen-Charm ist ein äußerst mächtiger, magischer Sprechgesang, ein Amulett oder aber ein Talisman, mit dem die Wirkungen eines anderen, vorangegangenen Charm oder Zaubers neutralisiert oder auch umgekehrt werden kann.

Amulette

Ein Amulett ist ein geweihter Gegenstand (in der Regel ein kleiner, farbiger Stein, ein Edelstein oder ein Pflanzenteil), der mittels Magie mit positiver Kraft aufgeladen wird, um Liebe oder Glück anzuziehen. Amulette können wie Charms und Talismane auch dazu verwendet werden, die Gesundheit zu verbessern, Gefahren abzuwenden und dienen als Schutz gegen negative Einflüsse wie das Böse Auge.

Liebesamulette (üblicherweise als „Liebes-Charms" bezeichnet) werden von Hexen als magische Instrumente eingesetzt, um Liebe und Romantik anzuregen, getrennte Liebende wieder zu vereinen, einen Ehepartner anzuziehen, eine Liebesaffäre davor zu bewahren auseinanderzubrechen und ähnliches.

Als Amulette können die verschiedensten Dinge dienen: ein farbiger Edelstein, eine kleine religiöse Figur, eine Wurzel, eine Blume oder ein Knochen. Sie können in der Hand oder in der Tasche getragen werden, als Schmuck angelegt, in der Erde vergraben oder heimlich irgendwo im Haus deponiert, im Stall oder sogar im Wagen plaziert werden. Amulette können gekauft, gefunden oder von Hand gemacht, mit magischen Worten der Kraft und/oder Symbolen bemalt oder beschriftet werden, um bestimmte Einflüsse anzuziehen.

Die Verwendung von Amuletten ist in fast jeder Kultur heimisch und auch den meisten heutigen Europäern und Amerikanern vertraut. Beispiele für weitverbreitete Glücksbringer sind der Hasenfuß, das vierblättrige Kleeblatt, Hufeisen, Taufringe und der Glückspfennig.

Eine andere Art von Amulett ist der magische Beutel: ein kleiner Beutel aus Leder, Seide oder Flannel, der mit verschiedenen magischen Dingen gefüllt wird. Es wird umgehängt oder mit sich getragen zum Schutz vor negativen Einflüssen oder um etwas anzuziehen.

Ein Beutel, gefüllt mit magischen Kräutern, Blättern, Blumen oder Wurzeln, wird als „Kräuter-Liebesamulett" oder als „Hexen-Kissen" bezeichnet. Magische Beutel, die in der Liebesmagie verwendet werden, heißen „Liebes-Säckchen" oder „Mojos". Im Süden der USA sind sie bekannt als „Hoodoo hands", „Tricks" und „Tricken bags". Die Ureinwohner Amerikas nennen sie „Medizin-Beutel", und in Afrika heißen sie „Gris-Gris".

Talismane

Ein Talisman ist ein handgefertigter Gegenstand, aus jedem beliebigen Material und in jeder beliebigen Form, der mit magischen Eigenschaften aufgeladen ist, um Glück oder Fruchtbarkeit zu bringen und negative Einflüsse abzuwehren.

Um einen Talisman formal mit Kraft aufzuladen, muß er zuerst beschriftet und dann geweiht werden. Wird ein Talisman mit einem Sonnenzeichen, Mondzeichen, Geburtsdatum, Sternzeichen, Runennamen oder einem anderen magischen Symbol beschriftet, so wird er damit auf eine bestimmte Person oder einen bestimmten Zweck hin ausgerichtet.

Der berühmteste aller magischen Talismane ist das Abrakadabra-Dreieck, von dem man in alten Zeiten glaubte, es könne Krankheiten abwehren und Fieber kurieren, wenn seine Buchstaben als umgekehrte Pyramide angeordnet (eine heilige Figur und ein Symbol für Trinität) auf Pergamentpapier geschrieben würden und dies mit Flachs um den Hals befestigt neun Tage und Nächte getragen und danach rückwärts über die linke Schulter in einen Fluß, der nach Osten fließt, geworfen würde. (Abrakadabra soll ein kabbalistisches Wort sein, das von dem Namen „Abraxas" abgeleitet wurde, einer mächtigen, gnostischen Gottheit, deren Name so viel bedeutet wie „verletze mich nicht".)

In der Abramelin-Magie werden mächtige, magische Talismane, bekannt als „magische Quadrate", aus Zahlen- oder Buchstabenreihen des Alphabets erstellt und so arrangiert, daß die Worte horizontal oder vertikal als Palindrome gelesen werden können; die Zahlen ergeben dieselbe Endsumme, egal aus welcher Richtung sie addiert werden.

Damit ein magisches Zahlenquadrat richtig funktioniert, muß es von 1 bis zur Anzahl der Felder des Quadrats jede fortlaufende Zahl enthalten. Entsprechend den Regeln der Numerologie darf jede Zahl nur einmal in einem Quadrat verwendet werden.

Magische Wortquadrate

Um Visionen in magischen Spiegeln oder Kristallkugeln erscheinen zu lassen, schreiben Sie das folgende gnomonische Quadrat auf ein Stück geweihtes Pergament und legen es unter den Spiegel oder das Kristall:

```
G I L I O N I N
I             I
L             N
I             O
O             I
N             L
I             I
N I N O I L I G
```

Zum Schutz gegen Verhexungen, um Flüche aufzuheben und um die Kräfte des Bösen Auges abzuwehren, beschriften Sie ein Stück geweihtes Pergamentpapier mit dem folgenden Quadrat und tragen dies an einem weißen Bindfaden um Ihren Hals:

L	A	C	H	A	T
A					A
C					H
H					C
A					A
T	A	H	C	A	L

Wollen Sie einen Geist in menschlicher Gestalt erscheinen lassen, dann beschriften Sie ein quadratisches Blatt geweihtes Pergament mit den folgenden Wörtern der Kraft. Nehmen Sie das Symbol in Ihre rechte Hand, und sprechen Sie dreimal laut den Namen des Geistes aus, den Sie rufen möchten:

L	E	V	I	A	T	A	N
E	R	M	O	G	A	S	A
V	M	I	R	T	E	A	T
I	O	R	A	N	T	G	A
A	G	T	N	A	R	O	I
T	A	E	T	R	I	M	V
A	S	A	G	O	M	R	E
N	A	T	A	I	V	E	L

KAPITEL 6:

Pagane Gottheiten

Für Zauber und Rituale, die ganz bestimmte Angelegenheiten betreffen, sollten verschiedene pagane Gottheiten angerufen werden. Im folgenden erhalten Sie eine Liste möglicher Inhalte und der Gottheiten, die diesen zugeordnet sind.

Astrologie: Albion.

Ehe: Airyaman, Aphrodite, Aryaman, Bes, Bhaga, Ceres, Erato, Frigga, Hathor, Hera, Hymen, Juno, Pattini, Salacia, Svarog, Thalassa, Tutunis, Vor, Xochipilli.

Die Erde: Asia, Consus, Daghda, Enlil, Frigga, Frija, Gaea, Ge, Geb, Kronos, Ninhursag, Ops, Prithivi, Rhea, Saturn, Sif, Tellus.

Fruchtbarkeit: Amun, Anaitis, Apollo, Arrianrhod, Asherali, Astarte, Attis, Baal, Bacchus, Bast, Bona Dea, Boucca, Centeotle, Ceridwen, Cernunnos, Cybele, Daghda, Demeter, Dew, Dionysos, Eostar, Frey, Freya, Frigga, Indra, Ishtar, Ishwara, Isis, Kronos, Lono, Lupercus, Min, Mut, Mylitta, Ningirsu, Ops, Osiris, Ostara, Oya, Pan, Pomona, Quetzalcoatl, Rhea, Rhiannon, Saturn, Selkhet, Sida, Tane, Telepinu, Telluno, Tellus Mater, Thunor, Tlazolteotl, Yarilo, Zarpanitu.

Geburt: Althea, Bes, Carmenta, Cihuatcoatl, Cuchavira, Isis, Kuan Yin, Laima, Lucina, Meshkent.

Gesetz, Wahrheit und Gerechtigkeit: Astraea, Maat, Misharu, Themis.

Gestaltumwandlung: Freya, Volkh, Xolotl, Zeus.

Glück und Schicksal: Bonus Eventus, Daikoku, Fortuna, Ganesa, Jorojin, Laima, Tyche.

Heilung: Apollo, Asclepius, Bast, Brigit, Eira, Gula, Ixtlilton, Kohns, Paeon.

Himmel: Aditi, Anshar, Anu Dyans, Frigg, Hathor, Horus, Joch-Huva, Jupiter, Kumarbis, Nut, Obatala, Rangi, Svarog, Tane, Thor, Tiwaz, Ukko, Uranus, Varuna, Zeus.

Katzen: Bast, Freya.

Die schönen Künste: Ea, Hathor, Odin, Thene, Thor.

Kommunikation: Hermes, Hermod, Janus, Merkur.

Landwirtschaft: Adonis, Amun, Aristaeus, Baldur, Bonus, Evenuts, Ceres, Consus, Dagon, Demeter, Dumuzi, Esus, Ghanan, Inari, Osiris, Saturn, Tammuz, Thor, Triptolemus, Vertumnus, Xochipilli, Yumcaax.

Liebe: Aizen Myo-o, Alpan, Angus, Aphrodite, Asera, Astarte, Asthoreth, Belili, Creirwy, Cupid, Dzydzilelya, Erato, Eros, Erzulie, Esmeralda, Februa, Freya, Frigga, Habondia, Hathor, Inanna, Ishtar, Kades, Kama, Kivan-Non, Kubaba, Melusine, Menu, Minne, Nanaja, Odudua, Olwen, Oshun, Prenda, Sauska, Tlazolteotl, Turan, Venus, Xochipilli, Xochiquetzal.

Mondmagie: Aah, Artemis, Asherali, Astarte, Baiame, Bendis, Diana, Gou, Hathor, Hekate, Ilmaqah, Ishtar, Isis, Jacy, Kabul, Khons, Kilya, Lucina, Luna, Mah, Mama Quilla, Mani, Menu, Metzli, Myestas, Nanna, Pah, Selene, Sin, Soma, Taukiyomi, Thoth, Varuna, Yarikh, Yerak, Zamna.

Musik und/oder Poesie: Apollo, Benten, Bragi, Brigit, Hathor, Orpheus, Odin, Thoth, Vainemuine, Wodan, Xochipilli.

Mut: Tyr.

Prophezeiung, Wahrsagung und die Magischen Künste: Anubis, Apollo, Brigit, Carmenta, Ea, Exu, Hekate, Isis, Odin,

Set, Shamash, Simbi, Tages, Thoth, Untunktahe, Wodan, Xolotl.

Rache: Nemesis

Reinkarnation: Hera, Khensu, Ra.

Reisen: Echua, Janus, Min.

Schlaf: Hypnos (siehe auch Pagane Gottheiten unter *Träume*)

Die See: Amphitrite, Benten, Dylan, Ea, Enoil, Glaucus, Leucothea, Manannan Mac Lir, Neptun, Nereus, Njord, Paldemon, Phorcys, Pontus, Poseidon, Proteus, Shoney, Yamm.

Sonnenmagie: Amaterasu, Apollo, Atum, Baldur, Bochica, Dazhbog, Helios, Hiruku, Horus, Hyperion, Inti, Legba, Lugh, Mandulis, Mao, Marduk, Maui, Melkart, Mithra, Orunjan, Paiva, Perun, Phoebus, Ra, Sabazius, Samas, Sams, Shamash, Sol, Surya, Tezcatlipoca, Tonatiuh, Torushompek, Utto, Vishnu, Yhi.

Träume: Geshtinanna, Morpheus, Nanshe.

Weisheit: Aruna, Athene, Atri, Baldur, Brigit, Dainichi, Ea, Enki, Fudo-Myoo, Fugen Bosatsu, Fukurokuju, Ganesa, Minerva, Nebo, Nimir, Oannes, Odin, Oghma, Quetzalcoatl, Sia, Sin, Thoth, Vohumano, Zeus.

Wetter: Adad, Aeolus, Agni, Amen, Baal, Bragi, Buriash, Catequil, Chac-Mool, Chernobog, Donar, Fomagata, Ilyapa, Indra, Jove, Jupiter, Kami-Nari, Koza, Lei-Kung, Marduk, Nyame, Perkunas, Pillan, Pulug, Quiateot, Raiden, Rammon, Rudra, Shango, Sobo, Summanus, Taki-Tsu-Hiko, Tawhaki, Tawhiri, Tefnut, Thor, Thunor, Tilo, Tinia, Typhoeus, Typhon, Yu-Tzu, Zeus, Zu.

Wohlstand und Reichtum: Daikoku, Jambhala, Kubera, Plutus, Thor.

KAPITEL 7:

Kleine Kräuterkunde

Geschichte der Heilkräuter

Seit prähistorischen Zeiten werden Kräuter verwendet, um körperliche Leiden zu behandeln, und das Studium der Heilkräuter reicht bis zu den alten Sumerern, also mehr als 5000 Jahre, zurück.

Kräuterheilmittel sind ein Hauptpfeiler der traditionellen chinesischen Medizin, und das älteste bekannte Buch über Kräuter ist das chinesische *Pen-ts'ao* (Kräuterbuch), das von Kaiser Shennung (3737–2697 v. Chr.) verfaßt wurde. In diesem Buch ist die Zubereitung von über dreihundert Heilkräutern verzeichnet.

Die alten Ägypter verwendeten ebenfalls Kräuterheilmittel, und nach einer alten Aufzeichnung mit dem Namen *Ebers Papyrus* gab es im Jahr 2000 v. Chr. in Ägypten fast 2000 praktizierende Kräuterärzte.

Heilkräuter wurden auch von den alten Griechen hergestellt. Sie studierten die heilenden Eigenschaften der Kräuter und notierten ihre Beobachtungen. Der griechische Philosoph, Botaniker und Autor Theophrastus berichtet, daß mehr als 300 Heilkräuter im Garten von Aristoteles angebaut wurden.

Im ersten Jahrhundert n. Chr wurde die erste europäische Abhandlung über die Eigenschaften und den medizinischen Einsatz von Kräutern von Dioscorides, einem griechischen Arzt, zusammengestellt.

Die Heilung mit Kräutern war ein wichtiger Ritus in vielen vorchristlichen Religionen. Selbst im Alten und Neuen Testament der Bibel wird von über Heilkräutern berichtet, obwohl die frühchristliche Kirche die Heilung durch den Glauben der praktischen Medizin vorzog, welche sie zu verbieten versuchte.

Die Indianerstämme Nordamerikas verwendeten Kräuter sowohl für Heilzwecke als auch zur Ausübung von Magie und fanden Verwendung für fast jede Pflanze ihres angestammten Landes. Ihr unschätzbares Wissen über viele botanische Heilmittel wurde an die weißen Siedler in den Vereinigten Staaten und Kanada weitergegeben.

1526 wurde *Grete Herball*, das erste Kräuterbuch in englischer Sprache, von einem unbekannten Verfasser veröffentlicht. Im Jahr 1597 erschien eines der berühmtesten Kräuterbücher dieser Epoche. Es hieß *Gerard's Herball* und war das Werk von John Gerard, einem englischen Stabsarzt und Apotheker unter König James I. 1640 wurde John Parkinson's Kräuterbuch *Theatrum Botanicum* verfaßt. Diesem folgte das astrologisch beeinflußte Heilkräuterbuch von Nicholas Culpepper.

Da sich die Chemie und andere Naturwissenschaften im 18. und 19. Jahrhundert rasant entwickelten, wurden Kräuterheilmittel in den USA wie auch in Europa durch den Einsatz der Pharmakotherapie mit chemisch hergestellten Arzneimitteln verdrängt.

In den Vereinigten Staaten und Europa ist heutzutage eine allgemeine Wiederbelebung des Interesses an Heilkräutern und Kräuterprodukten zu beobachten. Einige Menschen (darunter Hexen, New-Age- und Zurück-zur-Natur-Anhänger) beginnen, sich von der künstlich hergestellten Medikamenten der modernen Gesellschaft abzuwenden und nach natürlicheren und althergebrachten Heilmethoden zu suchen.

Heilkräuter sind natürlich. Viele können sowohl zur Vorbeugung als auch zur Heilung von Krankheiten eingesetzt werden, und für eine große Anzahl von Leiden sind unter Umständen die Heilmittel von Mutter Natur wesentlich besser als unangenehm schmeckende, synthetisch hergestellte Pillen auf synthetischer Basis, die zwar zeitweilig die Symptome lindern, aber nicht die Ursache der Krankheit beseitigen.

(*Anmerkung*: Viele moderne Erkrankungen erfordern moderne Behandlungsmethoden. Wenn ernste oder chronische körperliche oder psychische Beschwerden auftreten, sollte sofort fachkundige medizinische Hilfe in Anspruch genommen werden.)

Vielen Hexen bereitet es Freude, ihren eigenen Kräutergarten anzulegen; die meisten heilenden (und magischen) Kräuter sind jedoch auch in Gesundheitsläden, auf Kräuterfarmen oder im Supermarkt erhältlich. Manche können auch in Wäldern oder an Straßenrändern gefunden werden – wenn Sie wissen, wonach Sie suchen müssen. (*Achtung*: Viele Kräuter sind giftig und können leichte bis starke Übelkeit hervorrufen, in manchen Fällen führen sie sogar zum Tod. Sie sollten *nie* versuchen, wilde Kräuter für medizinische Zwecke zu sammeln, außer Sie sind Kräuterexperte oder in Begleitung eines geschulten, erfahrenen Kräutersammlers.)

Die meisten esoterischen Kräuter können in Okkult-Läden oder aus Hexenkult-Katalogen per Postversand bestellt werden.

Traditionelle Ritualpflanzen der Sabbate

Lichtmeß-Sabbat: Angelika, Basilikum, Benzoin, Heidekraut, Lorbeer, Myrrhe, Schöllkraut und alle gelben Blumen.

Frühjahrs-Tagundnachtgleiche-Sabbat: Bittersüß, Eichel, Erdbeere, Gänsefingerkraut, Geißblatt, Iris, Jasmin, Krokus, gelbe Narzisse, Osterglocke, Rainfarn, Rose, Schöllkraut und Veilchen.

Beltane-Sabbat: Angelika, Efeu, Esche, Gänseblümchen, Gänsefingerkraut, Mandel, Ringelblume, Rose, Satyrion-Wurzel, Schlüsselblume, Spanischer Flieder, Sternhyazinthe, gelbe Sumpfdotterblume, Waldmeister, Weihrauch, Weißdorn und Wiesengeißbart.

Sommersonnwend-Sabbat: Beifuß, Blauregen, Eisenkraut, männlicher Farn, Fenchel, Gänsefingerkraut, Hanf, schwarzer Holunder, Johanniskraut, Kamille, Kiefer, Lavendel, Rittersporn, Rose und wilder Thymian.

Lammas-Sabbat: Akazienblüten, Aloe, Alpenveilchen, Bockshornklee, Eichenblätter, Heidekraut, Maisstengel, Myrte, Sonnenblume, Stockrose, Weihrauch und Weizen.

Herbst-Tagundnachtgleiche-Sabbat: Aster, Benzoin, Disteln, Eicheln, Eichenblätter, Farn, Geißblatt, Kiefer, Myrrhe, Passionsblume, Ringelblume, Rose, Salbei, Salomonssiegel und Schwalbenwurzgewächs.

Samhain-Sabbat: Äpfel, Besenginster, Diptam, Eicheln, Eichenblätter, Erdrauch, Farn, Flachs, Heidekraut, Königskerze, Kürbis, Salbei, Stroh und Tollkirsche.

Wintersonnwend-Sabbat: Eiche, Immergrün, Kamille, Kiefernzapfen, Lorbeer, Lorbeerbeere, Mariendistel, Mistel, Moos, Rosmarin, Salbei, Stechpalme, Wacholder, Weihrauch und Zeder.

Kräuteranbau mit dem Mond

Immer mehr Hexen ziehen ihre eigenen Kräuter. Egal, ob nun auf einer Kräuterfarm, in einem kleinen Garten im Hinterhof oder in ein paar Blumentöpfen am Küchenfester, immer werden gute Ergebnisse erzielt, wenn die Kräuter in Harmonie mit Mutter Natur gepflanzt werden.

Die Mondphasen und das Sternzeichen, in dem der Mond steht, wenn die Kräuter eingepflanzt werden, sind äußerst wichtig. Die meisten Kräuter sollte man aussäen, wenn der Neu- oder Halbmond im Zeichen Krebs, Fische oder Skorpion steht.

Es gelten folgende Ausnahmen für die Pflanzzeit:

Baldrian: während sich der Neu- oder Halbmond im Zeichen Zwillinge oder Jungfrau befindet.

Knoblauch: während der Neu- oder Halbmond im Sternzeichen Skorpion oder Schütze ist.

Petersilie: während der Neumond im Zeichen Fische, Krebs, Waage oder Skorpion steht.

Salbei: während der Vollmond im Zeichen Fische, Skorpion oder Krebs steht.

Der Komposthaufen sollte angelegt werden, wenn der abnehmende Mond im Zeichen Krebs, Fische oder Skorpion steht.

Befindet sich der abnehmende Mond im Sternzeichen Wassermann, Widder, Zwillinge, Löwe oder Jungfrau, ist es günstig, mit der Kultivierung zu beginnen.

Die beste Zeit für das Düngen und Umpflanzen ist, wenn der zunehmende Mond im Zeichen Krebs, Fische oder Skorpion steht.

Bevor Sie mit dem Pflanzen von Kräutern beginnen, sollten Sie immer einen aktuellen Mondkalender konsultieren. Vermeiden Sie das Aussäen oder Anpflanzen am ersten Tag des Neumonds oder an dem Tag, wenn dieser zu einem Halbmond anwächst.

Kräuter der Götter

Die folgenden Kräuter sind bestimmten Göttern und Göttinnen geweiht.

Akazie: Al-Ozza, Buddha, Neith und Osiris
Aconitum: Hekate und Medea
Agave: Mayauel
Alant: Helena
Alraune: Aphrodite, Diana, Hekate, Saturn, und assoziiert mit Circe und der Jungfrau Alrauna, der legendären teutonischen Zauberin
Andorn: Horus
Anemone: Adonis, Aphrodite und Venus
Angelika: Atlantis und Michael
Anis: Apollo und Merkur
Aster: alle paganen Götter und Göttinnen
Augentrost: Euphrosyne
Azalee: Hekate
Baldrian: Herkules
Basilikum: Erzulie, Krishna, Lakshmi und Vishnu
Beifuß: Artemis, Diana, und assoziiert mit der mittelalterlichen Legende von Johannes dem Täufer
Belladonna: Atropos, Bellona, Circe und Hekate
Benzoin: Aphrodite, Mut und Venus
Besenginster: Blodeuwedd
Binsen: Acis
Bockshornklee: Apollo
Diptam: Diana, Osiris und Persephone
Distel: Thor, und assoziiert mit der Jungfrau Maria
Efeu: Attis, Bacchus, Dionysos, Dusares und Osiris
Eisenhut: Hekate, und assoziiert mit Cerberus
Eisenkraut: Aradia, Ceridwen, Demeter, Diana, Hermes, Isis, Juno, Jupiter, Mars, Merkur, Persephone, Thor und Venus

Erdbeere: Freya, Frigga, Venus, und assoziiert mit der Jungfrau Maria des christlichen Mythos
Estragon: Lilith
Farnkraut: Kupala
Fenchel: Adonis
Flachs: Hulda
Flohkraut: Demeter
Frauenhaarfarn: Dis, Kupala und Venus
Frauenmantel: verschiedene Erdgöttinnen, und assoziiert mit der Jungfrau Maria des christlichen Mythos
Gänseblümchen: Aphrodite, Artemis, Belides, Freya, Thor, Venus, Zeus, assoziert mit Maria Magdalena, dem Heiligen Johannes und der Heiligen Margareta von Antiochia.
Gerste: Odin
Hartriegel: Consus
Hauswurz: Jupiter und Thor
Heidekraut: Isis und Venus Erycina
Heliotrop: Apollo, Helios, Ra, Sol und alle Sonnengötter
Himbeere: Venus
Huflattich: Epona
Hyazinthe: Apollo, Artemis und Hyacinthus
Immergrün: Aphrodite
Iris: Hera, Horus, Iris und Isis
Jasmin: Diana
Kamille: Karnayna
kanadisches Mondkorn: Aah, Artemis, Diana, Hina, Selene, Sin, Thoth und alle Mondgottheiten
Katzenminze: Bast und Skhmet
Klatschmohn: Ceres, Diana und Persephone
Klee: Olwen
Knoblauch: Hekate und Mars
Königskerze: Circe und Ulysses
Kopfsalat: Adonis

Korbweide: Hekate
Kornblume: Flora, und assoziiert mit den Mythen von Cyanus und Chiron
Krokus: Aphrodite und Venus
Lavendel: Hekate, Saturn und Vesta
Lichtnelke: Aphrodite und Venus
Lilie: Astarte, Hera, Juno, Lilith und Ostara
Löwenzahn: Brigit
Lotus: Brahma, Buddha, Cunti, Hermes, Horus, Isis, Juno, Kuan-Yin, Lakshmi, Osiris, Padma, Tara, und assoziiert mit dem Mythos von Lotis und Priapus
Majoran: Aphrodite und Venus
Mariendistel: Pan
Maulbeerstrauch: Minerva, und assoziiert mit der klassischen Legende der babylonischen Liebenden Pyramus und Thisbe
Minze: Dis, Hekate, Mintha, und assoziiert mit den klassischen Legenden der Nymphe Menthe
Mistel: Jupiter, Odin, Zeus, und assoziiert mit den Mythen von Balder und Aeneas
Mönchspfeffer: Ceres
Moose: Tapio
Mutterwurz: verschiedene Muttergöttin-Figuren
Narzisse: Dis, Hades, Narzissus, Persephone und Venus
Orchidee: Bacchus und Orchis
Osterglocke: Proserpina
Petersilie: Aphrodite, Persephone, Venus und assoziiert mit Tod und dem Teufel des christlichen Mythos
Pfefferminze: Zeus
Pfennigkraut: Kupala
Pfingstrose: assoziiert mit der Legende von Paeon
Portulak: Hermes
Rainfarn: assoziiert mit der Jungfrau Maria und der klassischen Legende von Ganymed

Ringelblume: Xochiquetzal
Roggen: Ceres
Rose: Aphrodite, Aurora, Chloris, Cupid, Demeter, Erato, Eros, Flora, Freya, Hathor, Holda, Isis, Venus, und assoziiert mit der Jungfrau Maria des christlichen Mythos
Salbei: Consus und Zeus
Salomonssiegel: Vor, und assoziiert mit Salomon
Sandelholz: Venus
Sauerklee: alle Dreifachen Göttinnen, und assoziiert mit dem Heiligen Patrick
Schafgarbe: der Gehörnte Gott der Wicca-Hexen, und assoziiert mit dem griechischen Helden Achilles
Schilf: Inanna und Pan
Schlehdorn: die Dreifache Göttin in ihrem dunklen und beschützenden Aspekt
Schlüsselblume: Freya und Paralisos
Schwertlilie: Aphrodite, Hera, Iris, Isis und Osiris
Seerose: Surya und alle Wassernymphen
Sonnenblume: Apollo und Demeter
Stechapfel: Apollo, Chingichnich und Kwawar
Stechpalme: Hel, Frau Holle und der Gehörnte Gott in seinen Aspekten des abnehmenden Jahres
Steinbrech: Kupala
Sumpfdotterblume: Freya
Tausendgüldenkraut: der Zentaur Chiron
Ti-plant: Pele
Veilchen: Aphrodite, Attis, Io, Venus, Zeus, und assoziiert mit der Jungfrau Maria
Waldsauerklee: Trefuilngid Tre-Eochair
Wegerich: Venus
Weinraute: Mars
Weißdorn: Hymen
Wermut: Artemis, Diana, die Große Mutter und alle paganen Nymphen Rußlands

Wiesengeißbart: Blodeuwedd
Zuckerrohr: Cupid, Eros und Kama

Ein Kräutlein unter anderem Namen

In alten Zeiten wurden vielen Kräutern und Pflanzen, denen mystische oder magische Kräfte zugesprochen wurden, „hexige“ Spitznamen gegeben. Einige dieser alten Namen werden heutzutage immer noch von vielen Hexen und Kräutersammlern verwendet, wie zum Beispiel „Hexengras“ für Quecke *(Agropyron repens)*, „Hexenglocken“ oder „Hexenhandschuh“ für Fingerhut *(Digitalis)*, „Hexenbesen“ für Heidekraut *(Calluna vulgaris)*, „Zaubererkraut“ für giftigen Schierling *(Conium maculatum)*, „Hexenkerze“ für Königskerze *(Verbascum thapsus)*, „Hexensäckchen“ für Hirtentäschel *(Capsella bursa-pastoris)*, „Zigeunerblume“ für Hundszunge *(Cynoglossam officinale)*, „Zigeunerkraut“ für Ehrenpreis *(Veronica officinalis)*, „Alter Drudenfuß“ für Sternwurzel *(Chamaelirium luteum)*, „Hexerveilchen“ für Immergrün *(Vinca minor)* und „Zaubererwurzel“ für Ginseng *(Panax schin-seng)*.

Schon von jeher war Eisenkraut *(Verbena)* mit der Hexenkunst, Magie und Zauberei verbunden. Aus diesem Grund erhielt es auch die entsprechenden Spitznamen „Hexenkraut“ und „Zaubererpflanze“. Im alten Rom war es unter dem Namen „Kraut des guten Omens“ bekannt und wurde dazu verwendet, die Götter-Altäre zu dekorieren.

Viele der von Hexen verwendeten Kräuter erntete, aß und opferte man zu Ehren bestimmter paganer Gottheiten. Ihre mythologischen Assoziationen spiegeln sich in Kräuter-Spitznamen wie „Jupiters Stab“ für Königskerze *(Verbascum thapsus)*, „Jupiters Bohne“ für Bilsenkraut

(Hyoscyamus niger), „Junos Tränen“, „Merkurs Pflanze“ oder „Tränen der Isis“ für Eisenkraut *(Verbena)* und „Jupiters Bart“ oder „Jupiters Auge“ für Hauswurz *(Sempervivum tectorum)* wider.

Im Mittelalter, als die christliche Kirche an Macht gewann, wurden die friedvollen Naturgottheiten der Alten Religion in die Teufel der neuen Religion verkehrt, und viele Kräuter, die die Paganen verwendeten, wurden zu Kräutern des Teufels und erhielten Spitznamen wie „Teufelsmaul“ für Sternwurzel *(Chamaelirium luteum)*, „Teufelsrübe“ für Zaunrübe *(Bryonia dioica)*, „Teufelshut“ für Huflattich *(Petasites)*, „Teufelskraut“ für Stink-Wacholder *(Juniper sabina)*, „Teufelsnessel“ und „Teufelsspielzeug“ für Schafgarbe *(Achillea millefolium)*, „Teufelswein“ für Heckenwinde *(Convolvulus sepium)*, „Satansapfel“ und „Teufelskerze“ für europäische Alraune *(Mandrogara officinarum)*, „Teufelsbiß“ für Nieswurz *(Veratrum viride)*, „Teufelsknochen“ für zottige Yamswurzel *(Dioscorea villosa)*, „Teufelsapfel“ und „Teufelstrompete“ für Stechapfel *(Datura stramonium)*, „Teufelsauge“ für Bilsenkraut *(Hyoscyamus niger)*, „Teufelsdung“ für Ferula *(Ferula foetida)*, „Teufelsfuge“ für Mistel *(Viscum album)*, und „Teufelswurzel“ für den Peyotl-Kaktus *(Lophorora williamsii)*.

In Deutschland und Holland wurde Beifuß *(Artemisia vulgaris)* auch „Johannisgürtel“ genannt, da er, wenn man ihn am Vorabend des Johannistags (Mittsommernacht) sammelte, Schutz gegen Zauberei, böse Geister, Krankheiten und Unglück gewähren sollte.

Estragon *(Artemisia dracunculus)* wird oft als „Drachenkraut“ oder „Kleiner Drache“ bezeichnet, Weinraute *(Ruta graveolens)* ist bekannt als „Gnadenkraut“ und Basilikum *(Ocimum basilicum)* als „Liebeskraut“.

Kreise von Pilzen auf Grasflächen, die die Peripherie eines unterirdischen Myzeliums markieren, tragen den

Spitznamen „Elfenringe“, so benannt nach dem Volksglauben, daß diese Kreise durch tanzende Elfen entstünden. Auch viele Kräuter werden mit dem Feenvolk in Verbindung gebracht und tragen Spitznamen wie „Feenpferd“ für Greiskraut *(Senecio)*, „Feenfinger“, „Feenhaube“, „Feenfingerhut“ und „Feenhandschuh“ für Fingerhut *(Digitalis)*, „Feenrauch“ für Fichtenspargel *(Monotropa uniflora)*, „Elfenkraut“ und „Elfenampfer“ für Alant *(Inula helenium)* und „Koboldklee“ für weißen Feldklee oder Sauerklee *(Oxalis acetosella)*.

Die Mistel *(Viscum album)* war ein hochverehrtes religiöses und magisches Kraut bei den alten Druidenpriestern im vorchristlichen England und Gallien. Dementsprechend war sie auch bekannt als „Drudenfuß“.

Vom Tausendgüldenkraut *(Centaurium umbellatum)* glaubten die Druiden, daß es große magische Kräfte besäße. Sie verwendeten diese Pflanze als Glücksbringer und um das Böse abzuwehren. Die Bezeichnung „Zentaurhuf“, wie es ebenfalls oft genannt wird, stammt von dem legendären Zentaur Chiron, der damit eine Pfeilwunde heilte.

Wermut *(Artemisia absinthium)* war der Großen Mutter geweiht und ist bekannt als die „Geistmutter“.

Der Frauenmantel *(Alchemilla vulgaris)*, ein wildwachsendes europäisches Kraut, entwickelte sich im 16. Jahrhundert zu einer wichtigen magischen Pflanze, nachdem man entdeckt hatte, daß sich der Tau über Nacht in den trichterförmigen Falten ihrer halbgeschlossenen, neunlappigen Blätter sammelt. An Alchemie interessierte Wissenschaftler dieser Epoche betrachteten Tau als eine äußerst magische Substanz, und die Pflanze erhielt bald den Spitznamen „Alchemilla“, was soviel bedeutet wie die „Kleine Magische“.

Die Alraune, mit ihrer geheimnisvoll menschenähnlich geformten Wurzel (oder Mandragora, wie sie in der

Poesie genannt wird), ist eine Pflanze, die mit mittelalterlicher Zauberei assoziiert ist und vielleicht ist sie die magischste aller Pflanzen und Kräuter. In Arabien heißt sie „Teufelskerze“ oder „Teufelslicht“, was vom alten Volksglauben herrührt, daß ihre Blätter in der Dunkelheit glühen: ein Phänomen, das durch Glühwürmchen ausgelöst wird. Bei den alten Griechen hieß die geheimnisvolle Alraune „Circes Pflanze“, da man glaubte, die Zauberin Circe verwende einen Aufguß aus Alraune, um ihre Opfer zuerst verliebt zu machen und sie dann zu verwandeln. Die Alraune hat noch viele andere Spitznamen, wie zum Beispiel „Drachen-Mann“, „Zauberer-Wurzel“, „Erd-Männchen“, „Wurzel des Bösen“ und „Kleiner Galgen-Mann“.

Heilkräuter

Die folgende Aufzählung von häufigen körperlichen Beschwerden und der verschiedenen Kräuter, die über Jahrhunderte hinweg für deren Behandlung eingesetzt wurden, ist hier nur angefügt, um Ihnen einige Beispiele für die vielfältigen Heilkräfte von Kräutern zu geben, die von Hexen, Schamanen und volkstümlichen Heilern verwendet werden. Dies ist kein Leitfaden zur Selbstbehandlung, denn Zubereitung und Einnahme werden hier nicht beschrieben. Im Falle einer ernsthaften Erkrankung oder eines medizinischen Notfalls sollten Sie sofort fachkundige medizinische Hilfe aufsuchen.

Akne: Baldrian, wilde Erdbeeren, Holunder, Kamille, Kidney-Bohnen, Klebkraut, Klette, Lavendel, Löwenzahn, Mistelbeeren, Odermennig, Englische Walnuß,

Alkoholismus: Angelika, Cannabis, Cayenne, Goldsiegel, Ingwer, gelber Jasmin, rote Johannisbeeren, Mutterkraut, Nervenwurzel, Passionsblume, Quassie, wilder Thymian

Anämie: Alant, Artischocke, Backbunge, Beinwell, Berberitze, Bockshornklee, Brombeere, Brunnenkresse, Eibisch, Enzian, Erdefeu, Erdrauch, Islandmoos, Johanniskraut, Jungfrauenkraut, Kalmus, Löwenzahn, Luzerne, Nessel, Pfefferwurz, Quassie, Schnittlauch, Spinat, Thymian

Arteriosklerose: Arnika, Artischocke, Brunnenkresse, Fieberwurzel, Fingerhut, Hirtentäschel, Kerbel, Knoblauch, Mistel, Muskatnuß, Olive, Stiefmütterchen, Weinraute, Weißdorn, Zwiebel

Arthritis: Aloe, Beinwell, Butterblume, Cayennepfeffer, Eibe, Erlenkreuzdorn, Fieberwurzel, Gallkraut, Gartenveilchen, Gebirgsstechpalme, Herbstzeitlose, schwarzer Holunder, Hopfen, gemeines Katzenpfötchen, Kawa, Klette, Knoblauch, Lobelie, Lorbeerbeeren, Luzerne, Meerrettich, Mönchshut, Reinfarn, Salbei, Sassafras, Schwarzpappel, roter Steinbrech, Stinkkohl, Thymian, Vogelmiere, Wacholder, Weide, Wermut, Wiesengeißbart, Wintergrün, rote Zaunrübe

Blutdruck, hoher: krauser Ampfer, Berberitze, schottischer Besenginster, Blutwurz, Durchwachsdost, Frauenwurz, Gartenveilchen, Helmkraut, Ingwer, Kerbel, Klebkraut, Knoblauch, Mistel, Mutterwurz, Petersilie, Rainfarn, schwarze Schlangenwurzel, Storchschnabel, Weinraute, Weißdorn, Wildkirsche, Zwiebel

Blutergüsse/Quetschungen: Aloe, Arnika, Beifuß, Beinwell, Birke, Bockshornklee, Eibisch, amerikanische Espe, Feigwurz, Flachs, Flohkraut, Gartenveilchen, Goldrute, schwarzer Holunder, Hundszunge, Johanniskraut, Kanadabalsam, gemeines Katzenpfötchen, Klette, Lobelie, Lorbeer, Majoran, bittersüßer Nachtschatten, Nessel, Okra, Olive, Pfefferwurz, Rainfarn, Ringelblume, Ruprechtskraut, Salomonssiegel, Santakraut, Schlüsselblume, Sellerie, Thymian, Weide, Wermut, Wintergrün, Ysop, Zaubernuß, Zwergnessel

Bronchialasthma: Ackerveilchen, Alant, Andorn, Anis, Aronskraut, Asafoetida, Beinwell, Blutwurz, Brunnenkresse, Cannabis, Durchwachsdost, Ehrenpreis, blaues Eisenkraut, Erdefeu, amerikanische Espe, Eukalyptus, Fieberwurzel, Gänseblümchen, Gelbholz, Heilziest, Holunderrinde, Huflattich, Immerschön, roter Klee, Klette, Knoblauch, Königskerze, Kopfsalat, Kubeben, Liebstöckl, Lobelie, wilder Majoran, Mandel, Meerrettich, Meisterwurz, Mutterkraut, Myrrhe, indische Nardenwurzel, Nessel, Petersilie, Pfingstrose, Amerikanische Säckelblume, Santakraut, schwarze Schlangenwurzel, Schöllkraut, Schwalbenwurz, Sonnentau, Stechapfel, Stinkkohl, Verbena, knollige Wallwurz, Wildkirsche, Ysop, Zitronenmelisse, Zwergnessel, Zwergpalme

Bronchitis: Alant, Andorn, Angelika, Anis, Asafoetida, Bärentraube, Beinwell, Blutwurz, Bohnenkraut, Borretsch, Brunnenkresse, Butterblumen, Eberraute, Ehrenpreis, Eibisch, Erdefeu, Eukalyptus, Fenchel, Fichte, Gartenveilchen, Gebirgsstechpalme, Gerste, Gewürznelke, Goldsiegel, Heidekraut, Heidelbeere, Heilziest, Hohlzahnkraut, schwarzer Holunder, Huflattich, Irishmoos, Islandmoos, Johanniskraut, Katzenminze, roter Klee, Knoblauch, Knotgras, Königskerze, Körbelkraut, Kubeben, Lavendel, Liebstöckl, Lobelie, Löwenzahn, Lungenkraut, süßer Majoran, Mutterkraut, Pfirsichbaum, Rettich, Roßkastanie, Rottanne, Rotulme, Amerikanische Säckelblume, Safran, Salbei, Sandelholz, Santakraut, schwarze Schlangenwurzel, Schlüsselblume, knollige Schwalbenwurzel, Schwarzpappel, Schwertlilie, Sellerie, Sonnentau, Stechapfel, Stiefmütterchen, Stinkkohl,

Sumpfdotterblume, Sumpfruhrkraut, Süßholz, wilder Thymian, Verbena, Vogelmiere, großer Wegerich, Weinraute, Zwiebel

Brustfellentzündung: Angelika, Eisenkraut, Rotulme, Salbei, Weinraute

Diabetes: Alant, Artischocke, Bockshornklee, Flachs, Frauenwurzel, Geißraute, Heidelbeere, wilde Himbeere, Jungfrauenkraut, Lattich, Löwenzahn, Nessel, Salomonssiegel, getüpfelter Storchschnabel, Sumach, Tausendgüldenkraut, Wacholder, roter Wasserhanf, Wintergrün, Zichorie, Zwergnessel, Zwergpalme, Zwiebel

Diphtherie: Lobelie

Durchfall: Akazie, Akelei, Alaunwurzel, Amarant, Ampfer, Apfel, Basilikum, Beinwell, Berberitze, Bohnenkraut, Brombeere, Eberesche, Eisenkraut, Erdefeu, Fieberwurzel, Frauenmantel, Fünffingerkraut, Gänsefingerkraut, Gänsefingerkraut, Goldrute, Goldrute, Granatapfelschale, Heilziest, Hirtentäschel, roter Holunder, schwarzer Holunder, Huflattich, Hundszunge, Immergrün, Ingwer, Islandmoos, schwarze Johannisbeere, Johanniskraut, Judasbaum, Kamille, Kampfer, Karotte, Katzenminze, gemeines Katzenpfötchen, Knoblauch, Königskerze, Knotgras, Krapp, bittere Kreuzblume, Liguster, Lungenkraut, Magnolie, Mutterwurz, Nelkenwurz, Nelkenwurz, Odermennig, Pfefferminze, gemeines Pfennigkraut, Rettich, Rhabarber, Ringelblume, Roßkastanie, Roßminze, Rotulme, Ruprechtskraut, Salbei, Scharbockskraut, schwarze Schlangenwurzel, roter Steinbrech, Steinwurzel, Stiefmütterchen, Storchschnabel, Sumach, Tormentill, Wachsmyrte, schwarze Walnuß, Wasser-Nelkenwurz, großer Wegerich, Weidenrinde, Weißeichenrinde, Wiesengeißbart, Wiesenknöterich, Ysop, Zaubernuß

Ekzeme: Ackerveilchen, Alant, Aloe vera, Andorn, Artischockenblätter, Binsenblume, Blutwurz, Brombeerblätter, Butterblume, Eibisch, Klette, Lavendel, Löwenzahn, Nessel, Ringelblume, Schafgarbe, großes Schöllkraut, wilde Zichorie

Entzündungen: Arnika, Beifuß, Beinwell, Bockshornklee, Borretsch, Eisenhut, Ginseng, Goldsiegel, Heckenwinde, Hopfen, Huflattich, Kamille, Kermesbeere, Königskerze, Lobelie, Pfefferwurz, Rainfarn, Rotulme, Salomonssiegel, Sandelholz, Sarsaparille, Vogelmiere, knollige Wallwurz, Weide, Wintergrün, Zaubernuß, Zaunrübe, wilde Zichorie

Epilepsie: Ackerveilchen, Baldrian, Beifuß, Frauenwurzel, Knoblauch, Lobelie, Mistel, Ringelblume

Erkältungen: Andorn, Angelika, Baldrian, Birke, Bittersüßrinde, Blutwurz, Bohnenkraut, Butternußbaum, Durchwachsdost, blaues Eisenkraut, Erdefeu, Feige, Fieberwurzel, Flohkraut, Gelbholz, Ginseng, Goldrute (grau), Heidelbeere, Heilziest, schwarzer Holunder, Huflattich, Indian root (Aralia), Ingwer, Jungfrauenkraut, Kamille, Katzenminze, gemeines Katzenpfötchen, Knoblauch, Lobelie, Lorbeer, Meisterwurz, Mutterkraut, indische Nardenwurzel, Osterluzei, Pfefferminze, Rose, Saflor, Salbei, Santakraut, Sarsaparille, Schafgarbe, knollige Schwalbenwurzel, Seifenkraut, Süßholz, knollige Wallwurz, Wermut, Weymontkiefer, Wintergrün, Ysop, Zitrone, Zitronenmelisse, Zwergpalme

Fettleibigkeit: Apfel, Brunnenkresse, Erdefeu, Fenchel, Goldrute, Hopfen, Irishmoos, Johanniskraut, Klebkraut, Nesselsamen, Sassafras, Skorbutkraut, roter Steinbrech, Tausendgüldenkraut, Vogelmiere, Weide, Wiesengeißbart, Zitronenmelisse

Fieber: Alraune, Andorn, Angelika, Apfel, Basilikum, Berberitze, Birke, Bockshornklee, Borretsch, Butterblume, Cayennepfeffer, Durchwachsdost, Eberraute, Englischer Efeu, Englische Eiche, Eisenhut, Erdbeere, amerikanische Espe, Eukalyptus, Fichtenspargel, Fieberkraut, Flohkraut, Gallkraut, Gänsefingerkraut, Gartenveilchen, Gebirgsstechpalme, Geißraute, Ginseng, Granatapfelschale, Hartriegel, Himbeere, roter Holunder, schwarzer Holunder, Holunderblüten, hanfartiger Hundswürger, schwarze Johannisbeere, Jungfrauenkraut, echte Kamille, Kanadabalsam, Katzenminze, gemeines Katzenpfötchen, Liebstöckl, Lobelie, Löwenzahn, Magnolie, Mariendistel, Meisterwurz, Nelkenwurz, Olive, Osterluzei, Passionsblume, Pfefferwurz, Quassie, Ringelblume, Ringelblume, Salbei, Sandelholz, Santakraut, Sasaparille, Sassafras, Schafgarbe, Scharbockskraut, Schwarzdorn, Schwarzpappel, Silberdistel, Spindelstrauch, roter Steinbrech, Stichwurzel, Sumach, Sumpfdotterblume, Tormentill, Vogelzunge, Weidenrinde, Weißeiche, Wermut, Wiesengeißbart, Wintergrün, Ysop, Zitrone

Frauenbeschwerden: Berberitze, Amerikanische Drillingswurzel, Flohkraut, Frauenwurzel, Goldsiegel, Hirtentäschel, Jakobskraut, Jungfrauenkraut, gemeines Kreuzkraut, Rainfarn, Schafgarbe, Storchschnabel, Trillium, Weinrute

Frostbeulen: Angelika, Beifuß, Benedikt-Distel, Berberitze, Brunnenkresse, Frauenmantel, Hirtentäschel, Knoblauch, Meerrettich, Mistel, Ringelblume, Rübe, Salbei, Schafgarbe, Weißdorn, Zwiebel

Gallenblase: Acker-Gauchheil, Alant, Artischocke, Beifuß, Berberitze, Drudenkraut, Enzian, Erdrauch, Fieberwurzel, Gänseblümchen, Jungfrauenkraut, Klette, Knoblauch, Lavendel, Leberblümchen, Leinkraut,

Löwenzahn, Odermennig, Pfefferminze, Rettich, Rosmarin, Schöllkraut, Stichwurzel, Tausendgüldenkraut, Wermut, wilde Zichorie, Zwiebel

Gallensteine: Alraune, Artischocke, Berberitze, Eisenkraut, Erlenkreuzdorn, Flachs, Giftesche, Löwenzahn, Petersilie, Schwalbenwurz, roter Steinbrech, Waldmeister, Weide, Wiesengeißbart, Ysop, wilde Zichorie

Gastroenteritis (Magen-Darm-Kararrh): Alant, Augentrost, Basilikum, Benediktenkraut, Binsenblume, Bohnenkraut, wilde Erdbeeren, Fieberwurzel, Frauenmantel, Fünffingerkraut, Gallkraut, Gänsefingerkraut, Heidelbeere, Huflattich, schwarze Johannisbeere, Johanniskraut, Jungfrauenkraut, Kalmus, Kamille, Klebkraut, Knoblauch, Knotgras, Königskerze, gelbes Labkraut, Nelkenwurz, Pfefferminze, gemeines Pfennigkraut, Salbei, Sauerklee, amerikanische Schwertlilie, Süßholz, Tausendgüldenkraut, Thymian, Wasserminze, großer Wegerich, Wiesenknöterich, Winterbohnenkraut, Ysop, Zitronenmelisse

Gicht: Beinwell, Birke, Brunnenkresse, Ehrenpreis, Eisenhut, Enzian, amerikanische Espe, Fieberwurzel, Flohkraut, Gallkraut, Heilziest, Johanniskraut, Kamille, Kawa, Klette, Mate, Meerrettich, bittersüßer Nachtschatten, Nessel, Rainfarn, Sarsaparille, Sassafras, Sellerie, schwarzer Senf, weißer Senf, Stechapfel, Stechpalme, roter Steinbrech, Weide, Wiesengeißbart, Wiesensafran

Grippe: Birke, Borretsch, Brombeere, Butternußbaum, Eibisch, Frauenmantel, Gänsefingerkraut, Holunder, Huflattich, Klebkraut, Lavendel, Mariendistel, Pfefferminze, Pfefferwurz, Ringelblume, Rosmarin, Salbei, Schafgarbe, Schlüsselblume, knollige Schwalbenwurzel, roter Steinbrech, Stichwurzel, Stiefmütterchen, Wiesengeißbart, Zitronenmelisse

Halsweh: Andorn, Beinwell, Bohnenkraut, Ehrenpreis, Erle, Ingwer, schwarze Johannisbeere, Klette, Liebstöckl, Malve, Myrrhe, Odermennig, Rose, Rotulme, Sassafras, Schwertlilie, Sternwurzel, Sumach, Zitrone

Hämorrhoidalbeschwerden: Aloe, Amarant, krauser Ampfer, Berberitze, Birke, Geißblatt, Goldsiegel, Hauswurz, Holunder, Jungfrauenkraut, Kamille, Kermesbeere, Klette, Lungenkraut, Nessel, Pappel, Pfefferwurz, Roßkastanie, Salomonssiegel, Scharbockskraut, Steinwurzel, großer Wegerich, Wildkirsche, Zaubernuß, Zitrone, Zwiebel

Hautausschlag: Hopfen, großer Wegerich

Heiserkeit: Beinwell, Brombeere, Eberesche, Eibisch, Frauenhaarfarn, Goldsiegel, Huflattich, Islandmoos, schwarze Johannisbeere, Knoblauch, Königskerze, Lobelie, Lungenkraut, Okra, Rotulme, Salbei, Stinkkohl, Sumpftee, Süßholz, Vogelmiere, Wegerich, Wildkirsche

Hepatitis: Ampfer, Hundsgras, Johanniskraut, Klette, Löwenzahn, Odermennig, Petersilie, Sauerampfer, großes Schöllkraut

Herpes: Blutwurz, Ringelblume

Herzbeschwerden: Acker-Schöterich, Angelika, Arnika, Baldrian, Beifuß, Berberitze, Blutwurz, Borretsch, Cayennepfeffer, Eisenhut, Fingerhut, Frauenmantel, Frauenwurzel, Gänsefingerkraut, Heilziest, Hirtentäschel, Johanniskraut, Jungfrauenkraut, Kampfer, Maiglöckchen, Mistel, Mutterwurz, schwarze Nieswurz, Ringelblume, Rosmarin, Safran, Schlüsselblume, Spargel, Sumpfdotterblume, Waldmeister, Wegedorn, Weinraute, Weißdorn, Wiesenknöterich, Zitrone, Zitronenmelisse

Husten: Akazie, Alant, Ampfer, Andorn, Angelika, Anis, Asafoetida, Beinwell, Blutwurz, Borretsch, amerikanische Drillingswurzel, englischer Efeu, Eibe, Eibisch, blaues Eisenkraut, Erdefeu, Flachs, Frauenhaarfarn, Gelbholz, Ginseng, Heidekraut, Heidelbeere, schwarzer Holunder, Huflattich, Hundszunge, Indian root (Aralia), Irishmoos, Islandmoos, Jungfrauenkraut, Kanadabalsam, roter Klee, Knoblauch, Königskerze, Korkholz, bittere Kreuzblume, Kubeben, Lattich, Liebstöckl, Lobelie, Lungenkraut, Mandel, Meerrettich, Myrrhe, indische Nardenwurzel, Odermennig, Okra, Petersilie, Rettich, Rosmarin, Rotulme, Safran, Sanikel, Santakraut, Sarsaparille, Sassafras, schwarze Schlangenwurzel, Schlüsselblume, Schöllkraut, knollige Schwalbenwurzel, Schwertlilie, Sonnentau, Stechapfel, Stiefmütterchen, Stinkkohl, Süßholz, Thymian, Wasser-Nelkenwurz, großer Wegerich, Weinraute, Weymonthkiefer, Wildkirsche, Ysop, Zitrone, Zwiebel

Katarrh: Borretsch, Goldsiegelwurz, Hundszunge, Mariendistel

Koliken: Angelika, Anis, Asafoetida, Ingwer, Kamille, Katzenminze, Nelkenwurz, Pfefferminze, Rosmarin, Sternwurz, Weinraute

Kopfschmerzen: Angelika, Anis, Augentrost, Basilikum, Beifuß, Birke, Bohnenkraut, Cannabis, Efeu, Eibisch, Erdefeu, Fenchel, Flohkraut, Frauenmantel, Heilziest, Henna, Hirtentäschel, Hopfen, Ingwer, Kamille, Katzenminze, Klebkraut, Lavendel, Maiglöckchen, Mistel, Mutterkorn, Mutterkraut, Pfefferminze, Rose, Rosmarin, Salbei, Santakraut, Schlüsselblume, Silberweide, roter Steinbrech, Tausendgüldenkraut, Waldmeister, Weinraute, Wermut, Wiesengeißbart, Wintergrün, Zitronenmelisse

Krampfadern: Berberitze, Cayennepfeffer, Eichenrinde, Hirtentäschel, Majoran, Mistel, Nelkenwurz, Pfefferwurz, Rainfarn, Ringelblume, Ringelblume, Roßkastanie, Salbei, Sassafras, Sauerklee, Stichwurzel, Taubnessel, Wachsmyrte, Weißdorn, Weißeiche, Wiesenknöterich, Zaubernuß

Krämpfe: Angelika, Anis, Baldrian, Belladonna, Bilsenkraut, Bohnenkraut, Butterblume, Cayennepfeffer, Dill, Fenchel, Frauenmantel, Frauenwurzel, Gänseblümchen, Gänsefingerkraut, Heilziest, schwarzer Holunder, Jungfrauenkraut, Kamille, Knoblauch, Koriander, Kümmel, Lavendel, Majoran, Meisterwurz, Mutterwurz, Nervenwurzel, Pfefferminze, Pfefferwurz, Rettich, Ringelblume, Rose, Rosmarin, Schöllkraut, Sumpfdotterblume, Thymian, Waldmeister, Wasserminze, Weinraute, Wermut, Wintergrün, zottige Yamswurzel, Zitronenmelisse

Krebs: Blutwurz, Gerste, Kermesbeere, Klebkraut, roter Klee, Sauerampfer, Schöllkraut, Wolfsmilch

Lepra: Knoblauch, Myrrhe, Weihrauch

Leukorrhö: Andorn, Bärentraube, Beinwell, Bockshornklee, Frauenmantel, Goldsiegel, Johanniskraut, gemeines Katzenpfötchen, Kawa, Kubeben, Magnolie, Rainfarn, Rotulme, Stichwurzel, Sumach, Tausendgüldenkraut, Tormentill, Wacholder, Wachsmyrte, schwarze Walnuß, Wermut, Wiesenknöterich, Wintergrün, Zitronenmelisse

Magengeschwüre: Alant, Amarant, Angelika, Aronskraut, Beinwell, Bockshornklee, Eibisch, Fieberwurzel, Flohkraut, Goldfaden, Hibiskus, Hopfen, Islandmoos, Kanadabalsam, Klette, Knoblauch, Knotgras, Luzerne, Nessel, Okra, Rainfarn, Ringelblume, Salbei, Sauerklee, Süßholz, Vogelmiere, großer Wegerich, Wermut, Wiesenknöterich, Zitronenmelisse, Zwergnessel

Magenverstimmung: Angelika, Anis, Baldrian, Beifuß, Beinwell, Bohnenkraut, Cayennepfeffer, Dill, blauer Enzian, Eukalyptus, Fenchel, Gallkraut, Goldsiegel, Hopfen, wilder Ingwer, Jungfrauenkraut, Kalmus, Kamille, Knoblauch, Koriander, Kornblume, Kubeben, Kümmel, Lavendel, Liebstöckl, Linde, Löwenzahn, Magnolie, Mariendistel, grüne Minze, Muskatnuß, Mutterkraut, Papaya, Petersilie, Pfefferminze, Rhabarber, Rosmarin, Roßminze, Safran, Salbei, Sandelholz, Sanikel, Schwarzwurzel, schwarzer Senf, Wacholder, Wermut, Winterbohnenkraut, Ysop, Zitronenmelisse

Magenverstimmung: Baldrian, Kamille, Minze, Pfefferminze, Ringelblume, Rosmarin, Rotulme, Sauerampfer, Schafgarbe, knollige Wallwurz

Mandelentzündung: Eberesche, Goldsiegel, Heilziest, gelber Jasmin, Kermesbeere, Königskerze, Lobelie, Malve, Pfefferminze, Rainfarn, Rotulme, Amerikanische Säckelblume, Salbei, schwarze Walnuß, Weide, Weißkiefer, Wiesenknöterich, Zaubernuß

Männerbeschwerden: Drudenkraut, Kürbiskerne, Melonenkerne, Safloröl, Silberdistel, Sojabohnenöl, Sonnenblumenkerne, Weizenkeime

Menopause: Baldrian, Beifuß, Frauenmantel, Goldkreuzkraut, Hirtentäschel, Hopfen, Isharmul, Jungfrauenkraut, Mistel, Mutterwurz, Rosmarin, Waldmeister, Weinraute, Weißdorn, Wermut, Zitronenmelisse

Menstruationsbeschwerden: Flohkraut, Goldkreuzkraut, Ingwer, Kamille, Katzenminze, Körbelkraut, Mutterwurz

Mundgeruch: Anis, Apfel, Bockshornklee, Dill, Gewürznelken, Goldsiegel, Kümmel, Liebstöckl, Linde, Myrrhe, Nelkenwurz, Petersilie, Pfefferminze, Rosmarin, Salbei, Zimt

Muskelkrämpfe und -zuckungen: Arnika, Eukalyptusöl, Pfefferminze

Muskelschmerzen: Cayennepfeffer, Lebensbaumblätter, Pfefferminze

Nasenbluten: Schafgarbe

Nervöse Beschwerden: Asafoetida, Baldrian, breitblättriger Berglorbeer, Bilsenkraut, Bohnenkraut, Borretsch, Eisenkraut, Fichte, Fichtenspargel, Heilziest, Helmkraut, Hopfen, Immergrün, Jasmin, Johanniskraut, Kamille, Katzenminze, Maiglöckchen, Mandel, Mutterwurz, Nervenwurzel, New Jersey Tee, Olive, Passionsblume, Pfefferminze, Rosmarin, Salbei, Sellerie, Stiefmütterchen, Stinkkohl, Thymian, Waldmeister, roter Wasserhanf, Weinraute, Weißdorn, Wermut, zottige Yamswurzel, Zaubernuß, Zitronenmelisse

Neuralgie (Nervenschmerz): Baldrian, breitblättriger Berglorbeer, Bilsenkraut, Butterblume, Cannabis, Eisenhut, Frauenwurz, Helmkraut, Hundszunge, Kamille, Kolabaum, Lavendel, Mistel, Pigment, Roßkastanie, Salomonssiegel, Santakraut, Sumpfdotterblume, Waldmeister, roter Wasserhanf, Weide, Wermut, zottige Yamswurzel

Niereninfektionen: Schafgarbe, Weißdorn, Zitrone

Nierensteine: Ackerschachtelhalm, Goldrute, Hundsgras, Klebkraut, Löwenzahn, Petersilienwurzel, großes Schöllkraut

Ohrenschmerzen: wilder Ingwer, Kamille, Knoblauch, Königskerze, Kümmel, Lorbeer, Schafgarbe, Zwiebel

Paralyse: Lavendel, Wolfseisenhut

Pneumonie (Lungenentzündung): Eisenhut

Pocken: Katzenminze, Ringelblume, Safran

Rheumatismus: Akelei, Beinwell, Bilsenkraut, Borretsch, Brunnenkresse, Buchsbaumholz, Eberesche, Eibe, Eisenhut, Fieberwurzel, Harnkraut, Heidekraut, Helmkraut, schwarzer Holunder, Holunderbeere, Isharmul, Kalmus, Kermesbeere, Klette, Knoblauch, Koriander, Lorbeer, Löwenzahn, Luzerne, Magnolie, Meerrettich, Meisterwurz, Mutterwurz, bittersüßer Nachtschatten, Nessel, Pappel, Piment, Quassie, Rosmarin,

Roßminze, Sanikel, Santakraut, Sarsaparille, Sassafras, schwarze Schlangenwurzel, schwarzer Senf, Silberdistel, Spargel, roter Steinbrech, Steinwurzel, Stichwurzel, Stiefmütterchen, Stinkkohl, Sumpfdotterblume, Wacholder, Weide, Weinraute, Wermut, Wiesengeißbart, Wiesensafran, Wintergrün, Zuckerbirke

Ruhr: Beinwell, Blutwurz, Brombeere, Eibisch, Fenchel, Johanniskraut, Katzenminze, Lorbeerbeere, Nelkenwurz

Schlaflosigkeit: Cannabis, Dill, Eisenkraut, Heidekraut, Helmkraut, Hopfen, Kamille, Katzenminze, Klebkraut, Löwenzahn, Nervenwurzel, Passionsblume, Rosmarin, Schlüsselblume, Waldmeister

Schuppen: Agave, Bockshornklee, Eibisch, Englischer Efeu, Feigwurz, Kamille, Olive, Quassie, Rosmarin, Weide

Schwindelgefühl: Fichtenspargel, Heilziest, Hirtentäschel, Katzenminze, Lavendel, Mistel, Mutterwurz, Pfefferminze, Rose, Salbei, Weinraute, Weißdorn, Zitrone, Zitronenmelisse

Sodbrennen: Ingwer, Kamille, Pfefferminze

Stillzeit: Angelika, Anis, Basilikum, Borretsch, weißer Diptam, Fenchel, Geißraute, wilde Himbeere, Hopfen, Islandmoos, bittere Kreuzblume, Lavendel, Petersilie, Pfefferwurz

Tuberkulose: Agave, Beinwell, Bockshornklee, Brunnenkresse, Amerikanische Drillingswurzel, Eibe, Erdefeu, Eukalyptus, Flachs, Heilziest, Jungfraunkraut, Knoblauch, Königskerze, Kubeben, Lungenkraut, Rotulme, Salbei, Santakraut, knollige Schwalbenwurzel, Vogelmiere, Wachsmyrte, Wegedorn, Wildkirsche

Tumor: Zaubernuß

Typhus: Rotulme, Salbei

Übelkeit: Anis, Baldrian, Basilikum, Bohnenkraut, Espe, Flohkraut, Gerste, Gewürznelke, Ginseng, Goldsiegel,

Hopfen, Ingwer, Kamille, Kanadabalsam, Kümmel, Lavendel, grüne Minze, Oswego Tee, Pfefferminze, Ringelblume, Roßminze, Salbei, amerikanische Schwertlilie, Spargel, Waldmeister, Wiesenbetonie, Yamswurzel, Zitronenmelisse

Verbrennungen: Aloe, Beinwell, Amerikanische Espe, Frauenmantel, Gurke, Hauswurz, Huflattich, Hundszunge, Johanniskraut, Kalmus, Klebkraut, Klette, Kürbis, Leinsamen, Nachtschatten, Olive, Pappel, Quittensamen, Ringelblume, Rotulme, Salbei, Vogelmiere, knollige Wallwurz, großer Wegerich, Weide, Zaubernuß

Vergiftung mit Giftsumach (Efeu): Balsamine, Beifuß, süßes Farnkraut, Santakraut, Stechapfel, knollige Wallwurz

Verstauchungen: Beinwell, Eibisch, Lavendel, Lobelie, Majoran, Rainfarn, Ringelblume, Wolfseisenhut

Verstopfungen: Agave, Aloe, Alraune, Andorn, Basilikum, Beifuß, Butternußbaum, Durchwachsdost, Eberesche, Eibisch, Erdrauch, Erlenkreuzdorn, weiße Esche, Feige, Flachssamen, Gallkraut, Goldsiegel, Gurke, Heckenwinde, Hirtentäschel, Höllenbohnen, roter Holunder, hanfartiger Hundswürger, Kermesbeere, Klette, Leinsamenöl, Löwenzahn, Magnolie, Maulbeere, Mutterkraut, Olive, Pfingstrose, Rettich, Rhabarber, Ringelblume, Rittersporn, Salbei, große Sauerampfer, Schöllkraut, Schuttbingelkraut, amerikanische Schwertlilie, Seifenkraut, Spargel, roter Spindelbaum, Spindelstrauch, Stichwurzel, Süßholz, Tamarinde, Tausendgüldenkraut, Ulme, Vogelmiere, Walnuß, Wasserampfer, Wermut, Wolfsmilch, Ysop, Zaunrübe, wilde Zichorie

Warzen: Alraune, Erlenkreuzdorn, Feigenbaum, Hauswurz, Knoblauch, Königskerze, Löwenzahn, Ringelblume, wilder Salbei, großes Schöllkraut, Schwalbenwurz, Sonnentau, Wolfsmilch, Zitrone

Wassersucht: Frauenwurzel, Maiapfel, Knoblauch, Weißdorn

Wunden: Aloe vera, Alpenveilchen, Amarant, Arnika, Beinwell, Bergmelisse, Brombeere, Butterblume, Drudenkraut, Eisenkraut, Enzian, Feigwurz, Flachs, Frauenmantel, wildes Gänseblümchen, Gelbholz, Goldrute, Goldsiegel, Hauswurz, Heilziest, wildes Indigo, Isharmul, Johanniskraut, Kamille, Klebkraut, Lärche, Linde, Löwenzahn, Lungenkraut, Opuntienkaktus, Papaya, Pappel, Ringelblume, Rohrkolben, Roßminze, Rotulme, Salomonssiegel, Sanikel, Santakraut, weiße Seerose, Silberdistel, Steinwurzel, Stiefmütterchen, Sumpfdotterblume, Sykomore, großer Wegerich, Weide, Weißkiefer, Wiesenknöterich, Wundklee, Zaubernuß, Zitrone, Zwiebel

Würmer: Acker-Schöterich, Alant, Aloe, Alpenveilchen, Beifuß, Blutwurz, Cayennepfeffer, Estragon, Gallkraut, Geißraute, Goldrute, Granatapfel, Hauswurz, Karotte, Katzenminze, gemeines Katzenpfötchen, Knoblauch, Kürbiskerne, Maulbeere, Meerrettich, Nelkenwurz, Papaya, wilde Pflaume, Quassie, Rainfarn, Rittersporn, Tamarinde, Thymian, Weißeiche, Wermut, Zitrone, Zwiebel

Zahnschmerzen: Angelika, Bärenklau, Bohnenkraut, Flohkraut, Gewürznelken, Hopfen, Immergrün, Kamille, Königskerze, Körbelkraut, Lavendel, süßer Majoran, Myrrhe, Pfefferwurz, Rainfarn, Rose, Sassafras, Schafgarbe, Zahnwehholz, Zitronenmelisse

Kräuter der Sternzeichen

Im folgenden erhalten Sie eine Auflistung der Kräuter mit ihren planetarischen Regenten und astrologischen Einflüssen, wenn sie welche haben.

Acker-Gauchheil: Sonne
Ackerkohl: Jupiter
Ackerminze: Jupiter; Krebs
Ackerveilchen: Saturn
Adamswurzel: Neptun
Affodill: Pluto
Akazie: Mars; Skorpion
Akelei: Venus
Alant: Merkur und Uranus
Alge: Mond; Fische
Aloe: Mars und Venus
Alraune: Merkur
Alstonia: Merkur
Amaranthus: Saturn
Amaryllis: Venus
Ampfer: Jupiter
Andorn: Merkur
Anemone: Mars
Angelika: Sonne; Löwe
Anis: Mond; Wassermann
Arnika: Saturn; Steinbock
Aronstab (Gefleckter): Mars; Skorpion
Aronstab: Mond; Krebs
Artischocke: Sonne
Asafoetida: Pluto
Augentrost: Sonne; Löwe
Azalee: Merkur
Aztekenlilie: Venus

Bachgras: Mars
Baldrian (gemeiner): Mars; Skorpion
Baldrian: Merkur
Bärenklau: Merkur und Mond
Bärentraube: Mars und Pluto; Skorpion
Basilikum: Mars; Skorpion
Baumwollkraut: Venus
Beete (Rote): Saturn
Beifuß: Mond und Venus
Beinwell: Saturn; Steinbock
Belladonna: Saturn; Steinbock
Berberitze: Mars; Skorpion
Bergmelisse: Merkur
Bertram Kamille: Merkur
Besenginster: Mars; Skorpion
Bibernelle (Große): Sonne
Bilsenkraut: Saturn; Steinbock
Binse/Schilf: Mond; Krebs
Bischofskraut: Venus
Bittersüß: Merkur
Blasentang: Jupiter
Blätterpilz: Merkur und Pluto; Löwe
Blauregen: Neptun; Wassermann
Bleiwurz: Saturn
Blutwurz: Venus; Skorpion
Bockshornklee: Merkur
Bohne: Venus
Bohnenkraut: Merkur
Borretsch: Jupiter; Löwe
Braunelle (Kleine): Venus
Brombeere: Venus; Widder
Brombeerstrauch: Venus; Widder und Skorpion
Bromelie: Sonne
Brunnenkresse: Mond

Buchweizen: Merkur
Cassia: Merkur
Cayennepfeffer: Mars; Skorpion
Chili-Pulver: Mars; Widder
Cramp bark: Saturn
Damiana: Pluto
Dill: Merkur
Diptam: Venus
Distel: Saturn, Steinbock
Drachenwurz: Mond; Skorpion
Durchwachsdost: Venus und Jupiter
Dürrwurz (Kanadische): Venus
Efeu: Saturn
Ehrenpreis: Venus
Eibe: Venus
Eichel: Erde
Eisenhut: Saturn; Steinbock
Eisenkraut: Venus; Stier und Zwillinge
Endivie: Jupiter
Entenflott: Mond; Krebs
Enzian: Mars; Skorpion
Erdbeere: Venus; Waage
Erdefeu: Venus
Erdrauch: Saturn; Steinbock
Estragon: Mars; Skorpion
Ewiger Jude: Merkur
Farne: Merkur
Feigwurz: Venus; Stier
Fenchel: Merkur; Jungfrau
Fetthenne: Mond
Fieberwurzel (Echte): Uranus
Fieberwurzel (Falsche): Pluto
Filzkraut: Venus
Fingerhut: Venus und Pluto

Flachs: Merkur
Flechte: Mars; Widder
Flohkraut: Saturn und Venus
Frauendistel: Jupiter
Frauenmantel: Venus
Frauenminze: Jupiter
Frauenschuh: Merkur
Galgant: Sonne; Löwe
Gamander: Mars und Merkur
Gänseblümchen (Afrikanisches): Mond
Gänseblümchen: Venus; Krebs
Gänsefingerkraut: Jupiter, Mond und Merkur
Gardenie: Venus
Gartennelke: Jupiter
Geißblatt: Merkur und Mars; Krebs
Geißfuß: Saturn
Geißraute: Merkur; Löwe
Geranie: Venus; Waage
Gerste: Saturn; Löwe
Gewürznelke: Jupiter
Ginseng: Uranus; Skorpion
Glockenblume: Venus
Goldlack: Mond
Goldrute: Saturn und Venus
Goldsiegel: Venus
Gunsel (Kriechender): Jupiter; Widder
Gurke: Mond; Krebs und Skorpion
Hafer: Pluto; Löwe und Jungfrau
Hagebutte: Jupiter
Hahnenfuß: Mars; Skorpion
Hanf: Neptun und Saturn; Fische
Hasenpfötchen: Merkur
Hauswurz: Jupiter
Heidekraut: Venus

Heidelbeere: Jupiter
Heinrich (Blauer): Jupiter; Löwe
Heliotrop: Sonne
Helmkraut: Saturn
Henna: Jupiter
Hibiskus: Venus
Himbeere: Venus
Hirtentäschel: Saturn
Hopfen: Mars; Widder
Hornkraut: Venus
Huflattich: Sonne und Venus
Hundsgras: Jupiter
Hundsrose: Mond
Hundsveilchen: Mond; Krebs
Hyazinthe: Jupiter
Immergrün: Venus
Immortelle: Venus
Ingwer: Mond
Iris: Mond
Irishmoos: Saturn
Jakobskraut: Venus
Jakobskreuzkraut: Venus
Jakobsleiter: Merkur
Jasmin: Mond und Jupiter; Krebs
Johannisbeeren: Jupiter
Johannisbrotbaum: Saturn
Johanniskraut: Sonne; Löwe
Judenkirsche: Venus
Kakteen: Mars; Widder und Skorpion
Kalmus: Mond
Kamille: Sonne; Löwe
Kanadabalsam: Venus und Jupiter
Kardamom: Jupiter
Karde: Venus

Karotte: Merkur; Skorpion
Katzenminze: Venus
Kawa: Venus
Kerbel: Jupiter
Kermesbeere: Saturn; Steinbock
Kichererbse: Venus
Klebkraut: Mond
Klee: Venus
Klematis: Saturn
Klette: Venus
Knabenkraut: Saturn
Knoblauch: Mars; Widder und Skorpion
Knotgras: Saturn
Kohl: Mond
Königskerze: Saturn
Kopfsalat: Mond; Krebs
Körbelkraut: Jupiter
Koriander: Mars; Skorpion
Kornblume: Venus und Saturn
Krapp: Mars; Skorpion
Kresse (scatia): Saturn; Steinbock
Kresse (schwarz): Mars; Skorpion
Kreuzdorn: Saturn
Kreuzkraut: Saturn und Venus
Kreuzkümmel: Mars; Skorpion und Stier
Krokus: Venus
Kubeben: Mars; Skorpion
Kümmel: Merkur
Kürbis: Mond
Labstroh (Echtes): Venus
Lauch: Mars; Skorpion
Lavendel: Merkur; Jungfrau
Leberbalsam: Venus
Leinkraut: Venus und Mars

Lichtnelke: Saturn
Liebstöckl: Sonne; Stier
Liguster: Mond
Lilie: Mond
Linse: Venus
Lobelie: Neptun
Lorbeer: Mars und Pluto; Skorpion
Lotus: Neptun
Löwenmäulchen: Mars; Skorpion
Löwenzahn: Jupiter; Schütze
Lungenkraut: Jupiter
Lupine: Mars; Widder und Skorpion
Luzerne: Jupiter
Maiblume: Uranus
Maiglöckchen: Merkur und Venus
Maikraut: Sonne
Majoran: Merkur
Malve: Venus; Schütze
Mannstreu: Mond und Venus; Fische
Mariendistel: Mars; Skorpion und Widder
Marihuana: Saturn; Steinbock
Meerbalsamine: Venus und Neptun
Meerfenchel: Jupiter
Meerrettich: Mars; Skorpion
Meerzwiebel: Mars; Skorpion
Meisterwurz: Mars; Skorpion
Minzen: Venus
Mistel: Sonne und Jupiter
Möhre (Echte): Merkur
Mönchshut: Saturn; Steinbock
Mondkorn (Kanadisches): Mond; Krebs
Moose: Saturn; Steinbock und Zwillinge
Münzkraut: Venus und Jupiter
Muskatnuß: Jupiter

Mutterkraut: Merkur
Mutterkraut: Venus; Schütze
Mutterwurz: Venus; Löwe
Myrrhe: Jupiter und Saturn; Wassermann
Nabelkraut: Venus; Waage
Nardenwurzel (Indische): Mars; Skorpion und Wassermann
Narzisse: Neptun
Nelkenwurz: Jupiter und Mond
Nesseln: Mars; Widder und Skorpion
Nieswurz: Saturn; Steinbock
Odermennig: Jupiter; Krebs
Orchidee: Venus
Oregano: Mars; Skorpion
Osterglocke: Sonne
Passionsblume: Venus und Neptun
Pastinake: Merkur
Patschuli: Pluto
Perlenklee: Mond
Petersilie: Merkur
Peyote-Kaktus: Mars, Saturn und Neptun
Pfeffer: Mars; Widder und Skorpion
Pfefferkraut: Mars
Pfefferminze: Venus
Pfeilkraut: Jupiter
Pfeilwurz: Jupiter
Pfennigkraut (Gemeines): Mond; Krebs
Pfingstrose: Sonne; Löwe
Pilze: Erde; Stier
Piment: Uranus
Portulak: Mond
Quecke: Jupiter
Rainfarn: Venus; Stier und Zwillinge
Reis: Sonne
Rettich: Mars; Widder

Rhabarber: Mars; Skorpion
Riedgras: Merkur
Ringelblume: Sonne; Löwe
Roggen: Pluto; Jungfrau und Löwe
Rose (rot): Venus
Rose (weiß): Mond; Waage
Rosmarin: Sonne; Widder
Ruhrkraut: Venus
Ruprechtskraut: Venus
Safran: Sonne; Löwe
Salbei (Römischer): Mond
Salbei: Jupiter und Venus; Löwe
Salomonssiegel: Saturn
Sandelholz: Jupiter
Sanikel: Venus
Sarsaparille: Mars und Merkur
Sassafras: Merkur
Saudistel: Venus
Sauerklee: Venus
Schachtelhalm: Saturn
Scharbockskraut: Mars; Skorpion
Schierling (giftiger): Saturn; Steinbock
Schildblume (Kahle): Neptun
Schlafmohn: Mond
Schlangenwurz: Saturn
Schlüsselblume: Venus; Waage
Schnittlauch: Mars; Skorpion
Schöllkraut: Sonne; Löwe
Schuttbingelkraut: Merkur
Schwalbenwurz: Sonne
Schwalbenwurzel (Knollige): Jupiter
Schwertlilie: Mond
Seerose/Wasserlilie: Mond; Krebs
Seetang: Mond; Fische

Seidelbast: Saturn
Seifenkraut: Venus und Neptun
Sellerie: Merkur
Senf: Mars; Widder und Skorpion
Sennespflanze: Merkur
Sesam: Mond; Stier
Skabiose: Merkur
Skorbutkraut: Jupiter
Sonnenblume: Sonne
Sonnentau: Sonne; Krebs
Spargel: Jupiter
Spargelfarnkraut: Mars; Skorpion
Speiwurzel: Venus
Spinat (Wilder): Mond
Spinat: Jupiter
Stachelbeere: Venus
Stechapfel: Jupiter und Saturn; Steinbock
Stechginster: Mars; Skorpion
Stechpalme: Saturn
Steinbrech (roter): Venus
Steinbrech: Sonne
Steinkraut: Mond
Sterndistel: Mars; Skorpion
Sternhyazinthe: Saturn
Sternwurzel: Jupiter
Stiefmütterchen: Saturn; Krebs
Stink-Wacholder: Mars; Skorpion
Stockrose: Venus
Storchschnabel: Mars; Skorpion
Streifenfarn: Saturn
Sumpfdotterblume: Venus; Widder
Süßholz: Merkur
Tabak: Mars; Skorpion
Taubnessel: Venus

Tausendgüldenkraut: Sonne
Teestrauch: Merkur
Thymian: Venus; Widder
TI plant: Jupiter
Tollkirsche: Saturn; Steinbock
Tollkraut: Saturn
Tomate: Saturn
Tormentill: Sonne
Tulpe: Venus
Tüpfelfarn: Saturn
Veilchen (Afrikanisches): Venus
Veilchen: Venus; Waage
Verbena: Venus
Vogelfuß: Saturn
Vogelmiere: Mond
Wachssumach: Saturn
Waid: Saturn
Waldmeister: Venus und Mars
Wasserbraunwurz: Jupiter; Krebs
Wassermoose: Mond; Fische
Wassernuß: Mond
Wegerich (großer): Mars und Venus
Weihrauch: Sonne; Wassermann
Wein (Wilder): Saturn
Weinraute: Sonne; Löwe
Weinstock: Sonne
Wermut: Mars und Pluto; Skorpion
Wiesengeißbart: Venus und Merkur; Zwillinge
Wiesenknöterich: Saturn
Wiesenschaumkraut: Mond
Winde: Saturn
Wintergrün: Mond
Wolfseisenhut: Saturn
Wolfsmilch: Jupiter

Wolfsmilch: Merkur
Ysop: Mars; Krebs
Yucca: Pluto
Zaubernuß: Saturn
Zaunrübe: Mars
Zichorie (wilde): Jupiter und Uranus
Zimtbaum: Sonne
Zitronengras: Venus
Zitronenmelisse: Jupiter; Krebs
Zwiebel: Mars; Widder

KAPITEL 8:

Die Hexenküche

Göttin-Weihrauch

(Stellen Sie diesen Weihrauch bei Neumond her.)

½ Drachme* Zypressenöl
½ Drachme Olivenöl
½ Unze getrocknete Rosenblütenblätter
½ Unze Silberweidenrinde
3 getrocknete Ebereschenbeeren
1 Teelöffel Anissamen

Vermengen Sie in einer kleinen Schüssel das Zypressen- und Olivenöl und stellen Sie es anschließend beiseite. Pulverisieren Sie mit Mörser und Stößel die Rosenblütenblätter, Weidenrinde, Ebereschenbeeren und Anissamen, und vermischen Sie sie mit dem Öl, wobei Sie alles gut verrühren.

Segnen Sie den Göttin-Weihrauch mit einem Gebet, und verbrennen Sie ihn auf einem heißen Stück Holzkohle, um die Göttin zu ehren und/oder anzurufen. (Er kann auch für Heilungsrituale, Mondrituale, Wahrsagungen und alle Formen von Liebesmagie verwendet werden.)

Um Göttin-Weihrauch in Stäbchen- oder Kegelform herzustellen, lassen Sie das Zypressen- und Olivenöl weg und vermengen etwas Gummiarabikum oder Akazien-

* 1 Drachme = 1,77 Gramm; 1 Unze = 28,35 Gramm; 1 Pfund = 453 Gramm

gummi mit der pulverisierten Kräutermischung, damit diese klebrig und zäh wird. Tauchen Sie Besenginsterstrohhalme vorsichtig in die Masse oder rollen Sie mit den Fingerspitzen kleine Teile der Masse zu Kegeln. Lassen Sie das Räucherwerk gut trocknen, bevor Sie es abbrennen.

Gehörnter-Gott-Weihrauch

7 Drachmen Benzointinktur
½ Drachme Sandelholzöl
½ Drachme Weihrauchöl
½ Drachme Myrrheöl
Salpeter
1 Unze pulverisierte Holzkohle
1 Prise getrocknete Asafoetida
1 Prise getrocknete Mariendistel
1 Prise getrocknete Pfefferminze

Vermengen Sie in einer kleinen Schüssel das Benzoin und die drei Öle. Fügen Sie eine kleine Prise Salpeter hinzu, und rühren Sie gut um. Pulverisieren Sie mit Mörser und Stößel die Holzkohle und die getrockneten Kräuter, dann mengen Sie diese langsam in die Öl-Salpeter-Mischung. Rühren Sie so lange um, bis die Masse die Konsistenz von dickem Schlamm hat. Verteilen Sie die Mischung in einem gut eingefetteten, quadratischen Glas- oder Keramikgefäß (eine kleine, mit Alufolie ausgelegte Plastik- oder Metallschachtel kann ebenfalls verwendet werden), und lassen Sie sie mindestens 45 Minuten trocknen. Schneiden Sie mit einem scharfen Messer oder einem Athame mit weißem Griff das Räucherwerk in kleine Quadrate, nehmen Sie diese aus dem Gefäß und weihen Sie sie vor dem Gebrauch.

Gehörnter-Gott-Weihrauch kann verbrannt werden als mächtiger Altarweihrauch, um den Gehörnten Gott (oder jeden anderen phallischen Paganengott) zu ehren und/oder anzurufen, um negative Energien zu bannen und um das magische Wirken aller Wicca-Rituale zu steigern.

Ägyptischer Liebesweihrauch

Bereiten Sie dieses Räucherwerk beim Licht einer rosa oder roten Kerze in einer Neumondnacht zu.

½ Unze Benzoin
½ Unze Zimt
½ Unze Galgant
½ Unze Weihrauch
1 Unze Myrrhe
3 Tropfen Honig
3 Tropfen Lotusöl
1 Tropfen Rosenöl
1 Prise getrocknete und pulverisierte Schwertlilienwurzel

Vermengen Sie in einer großen, nichtmetallischen Schüssel mit bloßen Händen Benzoin, Zimt, Galgant, Weihrauch und Myrrhe. Fügen Sie Honig, Lotus- und Rosenöl sowie Schwertlilienwurzel hinzu. Vermischen Sie alles gut, während Sie die folgende magische Beschwörung rezitieren:

Mit der alten und mächtigen Kraft der Isis,
höchster Göttin der zehntausend Namen
und Symbol für göttliche Mutterschaft und Liebe,
weihe und widme ich dieses Räucherwerk
als mächtiges Instrument der Liebesmagie.
Mit dem Feuer der Sonne,

mit dem Feuer des Mondes,
soll dieses Räucherwerk sich aufladen
im heiligen Namen der Isis,
der Herrscherin der Mysterien
und wunderschönen Göttin der Magie
und Zauberei.

Gesegnet sei er im Namen von Iaho,
Ariaha, Arainas und Kha.
So soll es sein!

Verschließen Sie die Schüssel mit einer dichten Plastikabdeckung, und lassen Sie die Masse für mindestens zwei Wochen an einem dunklen Ort ungestört ruhen, damit diese reifen kann.

Für die Anwendung zermahlen Sie die Zutaten mit Mörser und Stößel zu einem feinen Puder. Der ägyptische Liebesweihrauch eignet sich für Liebeszauber als magischer „Liebes-Puder“, oder wenn Sie ihn auf einem Stück heißer Holzkohle verbrennen als magischer Räucherduft, um Liebe anzuziehen, getrennte Liebende wieder zu vereinen oder um altägyptische Gottheiten anzurufen (insbesondere Isis und Hathor).

Weihrauch

2 Eßlöffel pulverisierter Weihrauch
1 Eßlöffel pulverisierte Schwertlilienwurzel
1 Teelöffel pulverisierte Gewürznelken
1 Teelöffel Zitronenöl

Vermischen Sie Weihrauch, Schwertlilienwurzel und Gewürznelken. Rühren Sie anschließend das Zitronenöl unter die Mischung, und füllen Sie alles in ein sauberes Glasgefäß, das Sie luftdicht abschließen oder fest verkorken. Lassen Sie die Mischung für zwei oder drei Monate an einem dunklen, kühlen Platz stehen, bevor Sie sie verwenden.

Weihrauch eignet sich ausgezeichnet zur Verwendung in der Heilungsmagie. Er kann auch gesegnet und auf einem Stück Holzkohle als Altar-Räucherwerk verbrannt werden, um den Gehörnten Gott und die Muttergöttin zu ehren.

Hekate-Weihrauch

½ Teelöffel getrocknete Lorbeerblätter
½ Teelöffel getrocknete Minzeblätter
½ Teelöffel getrockneter Thymian
1 Prise Myrrhe-Harz
1 Prise Weihrauch-Harz
13 Tropfen Zypressenöl
3 Tropfen Kampferöl

Zerstoßen Sie mit Mörser und Stößel die Lorbeer- und Minzeblätter und den Thymian, bis sie fast pulverisiert sind. Unter diese Mischung rühren Sie das Weihrauch- und Myrrhe-Harz. Zuletzt fügen Sie das Zypressen- und Kampferöl hinzu und vermischen alles. Bewahren Sie die Mischung in einem dicht verschlossenen Glasgefäß auf, und lassen Sie sie vor der Verwendung mindestens zwei Wochen reifen.

Verbrennen Sie diesen Duft auf einem Stück heißer Holzkohle während des Hekate-Ritus (13. August) zu Ehren der Göttin oder bei Vollmondritualen als wirkungsvolles Räucherwerk, um Visionen zu fördern.

Weihrauch des Guten Omens

5 Rosenblütenblätter
1 ½ Unzen Myrrhe
1 Unze Drachenblut
½ Unze Sassafras
½ Unze Orangenblüten
½ Unze Wacholder
½ Unze Salbei
½ Drachme Weihrauchöl

Pulverisieren und vermischen Sie mit Mörser und Stößel alle getrockneten Zutaten in einer Neumondnacht, während Sie sich die Dinge, die Sie brauchen und wünschen, vorstellen. Bei Zaubern und Ritualen, die Geld, Glück und begünstigende Umstände zum Inhalt haben, kann Weihrauch für Gutes Omen über heißer Holzkohle als wirkungsvolles Altar-Räucherwerk verbrannt werden.

Lammas-Ritual-Potpourri

20 Tropfen Gewürznelkenknospenöl
25 Tropfen Sandelholzöl
1 Tasse Eichenmoos
2 Tassen getrocknete, rosarote Rosenknospen
2 Tassen getrocknete, rote Pfingstrosen-Blütenblätter
1 Tasse getrocknete Amarantblumen
1 Tasse getrocknete Heidekrautblumen
½ Tasse getrocknete Kornblumen

Vermischen Sie das Gewürznelkenknospen- und das Sandelholzöl mit dem Eichenmoos, dann fügen Sie die restlichen Zutaten hinzu. Vermengen Sie alles gut, und verwahren Sie es in einem dicht verschlossenen Keramik- oder Glasbehälter.

Stellen Sie das Potpourri in einer Tasse oder Schüssel beim Lammas-Fest als wohlriechendes Ritual-Potpourri auf den Altar. Sie können es auch in ein offenes Feuer werfen oder auf heißen Holzkohlestücken verteilen, um es als mächtigen Ritual-Weihrauch zu verbrennen. (Lammas-Potpourri kann auch in Mojo-Säckchen gefüllt und mit sich getragen oder umgehängt werden, um einen Liebhaber anzuziehen.)

Göttin-Öl

½ Teelöffel getrocknete Schafgarbe
½ Teelöffel getrocknetes Basilikum
1 Teelöffel pulverisierte Myrrhe
3 Tropfen Rosenöl
3 Tropfen Lavendelöl
½ Tasse Olivenöl

Füllen Sie alle Zutaten in ein sauberes Glasgefäß, und bewegen Sie es behutsam im Uhrzeigersinn, um die Öle langsam zu vermischen. Während Sie dies tun, lassen Sie in Ihrem Geist Bilder der Göttin entstehen, und visualisieren Sie deren göttliche Kraft als eine Aura von weißem, leuchtendem Licht, das von Ihren Händen in den Glasbehälter mit den Ölen fließt und diesen mit magischer Energie auflädt.

Verschließen Sie das Glasgefäß mit einem festsitzenden, luftdichten Deckel, und lassen Sie es an einem kühlen, dunklen Ort mindestens sieben Tage stehen. Passieren Sie das Öl anschließend durch ein Gazetuch, und verwenden Sie es, um Kerzen für Liebeszauber, Anrufungen der Göttin, Wahrsagungen, Heilungsrituale und alle positiven (weißen) Formen von Magie zu salben.

Glücks-Öl

1 Eßlöffel getrockneter Wermut
3 Teelöffel gemahlene Muskatnuß
½ Teelöffel pulverisierte Alraunewurzel
13 Tropfen Kiefernöl
¼ Tasse Olivenöl

Füllen Sie alle Zutaten in ein sauberes Glasgefäß, und bewegen Sie es sachte im Uhrzeigersinn. Verschließen Sie das Gefäß luftdicht, und lassen Sie es 13 Nächte an einem kühlen, dunklen Ort stehen.

Seien Sie das Öl durch ein Gazetuch, und verwenden Sie es, um Kerzen einzureiben für Wunschmagie, um Verhexungen zu brechen sowie für Zauber, um Glück, Geld und Erfolg anzuziehen.

Voodoo-Öl

¼ Tasse Sonnenblumenöl
3 Eßlöffel Honig
3 getrocknete Kürbissamen
6 Tropfen Geißblattöl
3 Tropfen Rosenöl
3 Tropfen Patschuliöl

Zerstoßen Sie bei Vollmond mit Mörser und Stößel die Kürbissamen. Dann mischen Sie alle Zutaten beim Schein einer neuen, weißen Kerze zusammen. Nehmen Sie eine sterilisierte Silbernadel, und stechen Sie sich in den rechten Daumen. Fügen Sie drei Tropfen Ihres Blutes der Mischung bei. Spucken Sie zweimal in die Masse, und rühren Sie sie dreimal um. Bewahren Sie die Mischung in einem luftdichten Gefäß auf, bis Sie sie benötigen.

Verwenden Sie Voodoo-Öl, um Kerzen einzureiben für Zauber, Wahrsagungen und zur Kommunikation mit den Geistern oder um die Voodoo-Loas zu beschwören.

Geister-Öl

1 Eßlöffel pulverisierte Schwertlilien- oder Serpentaria-Wurzel
1 Eßlöffel getrocknetes Salomonssiegel
1 Eßlöffel getrockneter und zerkleinerter Rosmarin
1 kleine Prise pulverisierte Jade oder Türkis*
3 Tropfen Sandelholzöl
3 Tropfen Minzeöl
¼ Tasse Färberdistelöl

Mischen Sie alle Zutaten zusammen, und lagern Sie sie in einem dicht verschlossenen Glasgefäß für mindestens drei Wochen an einem kühlen, dunklen Platz.

Anschließend passieren Sie die Mischung durch ein Gazetuch und verwenden sie, um Kerzen einzusalben für Exorzismus, Seancen, Gegenzauber, Reinigungsrituale und zum Schutz gegen böse Mächte sowie für Zauber, die die hellseherischen Kräfte steigern.

Rezepte für Hexenflugsalbe

Es heißt, daß die berüchtigte „Hexenflugsalbe", ein gefährliches Kräutergemisch mit psychedelischen Wirkungen, von den Hexen im Mittelalter verwendet wurde. Ih-

* Edelsteine können mit Hilfe einer Metallfeile pulverisiert werden.

re Hauptbestandteile waren Petersilie, Schierling, Aconitum-Wasser, Pappelblätter, Ruß, Fledermausblut, Tollkirsche (oder Belladonna), Bilsenkraut und Haschisch.

Diese Zutaten sollen in einem großen Kessel über einem Feuer mit dem Talg eines ungetauften Säuglings zusammengemischt worden sein. Dann rieb sich die Hexe verschiedene Körperteile damit ein, um zur Sabbat-Feier zu fliegen. (Natürlich sind Hexen nicht wirklich geflogen, die Salbe löste jedoch unglaubliche Halluzinationen, übersinnliche Visionen und Astralprojektionen aus.)

Das Folgende ist ein Rezept für eine moderne Hexenflugsalbe. Sie ist sicherer in der Anwendung und wesentlich einfacher herzustellen:

¼ Tasse Schweineschmalz
½ Teelöffel Gewürznelkenöl
1 Teelöffel Kaminruß
¼ Teelöffel getrocknetes Gänsefingerkraut
¼ Teelöffel getrockneter Beifuß
¼ Teelöffel getrocknete Distel
¼ Teelöffel getrocknetes Eisenkraut
½ Teelöffel Benzoin-Tinktur

Zerkleinern Sie mit Mörser und Stößel die getrockneten Kräuter, bis sie fast pulverisiert sind. Bei niedriger Flamme erhitzen Sie in einem kleinen Kessel oder einer Pfanne das Schmalz, bis es vollkommen zerlassen ist. Fügen Sie die Kräuter, das Gewürznelkenöl und den Kaminruß zum Schmalz hinzu, und vermischen Sie alles. Das Benzoin geben Sie als natürliches Konservierungsmittel bei. Rühren Sie alles im Uhrzeigersinn um, und sieden Sie es 10 bis 15 Minuten. Dann seien Sie die Mischung durch ein Gazetuch in einen kleines, hitzebeständiges Gefäß und lassen sie abkühlen. Bewahren Sie die Salbe im

Kühlschrank oder an einem kühlen, dunklen Ort auf, bis sie gebraucht wird.

Für Astralprojektionen und Traummagie bestreichen Sie in einer Vollmondnacht Ihre Schläfen und das „Dritte Auge“ mit einer kleinen Menge der Flugsalbe.

(*Anmerkung*: Flugsalbe ist nur für den äußerlichen Gebrauch bestimmt.)

Zigeunerhexen-Liebestrank

1 Teelöffel getrocknetes und zerkleinertes Basilikum
1 Teelöffel getrockneter Fenchel
1 Teelöffel getrocknetes europäisches Eisenkraut
3 Prisen gemahlene Muskatnuß
¼ Tasse Rotwein

Geben Sie alle Zutaten in einen Kessel und vermischen Sie sie gut. Stellen Sie den Kessel dann über ein Feuer. Zünden Sie eine rosarote Kerze an, die mit Rosenöl eingerieben wurde, und sprechen Sie:

Kerzenlicht, warm und hell,
entzünde die Flammen der Liebe heut Nacht.
Laß meines Seelengefährten Liebe
mächtig brennen für mich.
Das ist mein Wille, so soll es sein!

Nachdem der Liebestrank drei Minuten gekocht hat, nehmen Sie den Kessel vom Feuer und lassen ihn abkühlen. Passieren Sie die erkaltete Flüssigkeit durch ein sauberes Gazetuch in eine Tasse. Fügen Sie als Süßmittel etwas Honig hinzu, und trinken Sie sie.

Wenn Sie sich nach der Liebe eines bestimmten Mannes oder einer bestimmten Frau sehnen, konzentrieren Sie sich auf diese Person, während Sie den Trank zubereiten. Trinken Sie die Hälfte, und geben Sie die andere Hälfte Ihrem/r Geliebten so bald wie möglich zu trinken. Wenn er oder sie dem Karma entsprechend zu Ihnen paßt, wird der Liebesfunke augenblicklich entzündet. Der Rest hängt natürlich von Ihnen ab.

Anmerkung: Die besten Zeiten, um den Zigeunerhexen-Liebestrank, ebenso wie alle anderen Liebestränke und Liebeszauber, zuzubereiten, ist der Freitag (der von Venus regiert wird), der St. Agnes-Abend (die Nacht vom 20. Januar), der St. Valentins-Tag (14. Februar), jede Nacht während zunehmendem Mond und immer, wenn der Mond in den venusregierten Sternzeichen Stier und Waage steht.

Wicca-Handfasting-Kuchen

1 Tasse Butter
1 Tasse Zucker
½ Tasse Honig
5 Eier
2 Tassen Mehl
2 Eßlöffel abgeriebene Zitronenschale
2 ½ Teelöffel Zitronensaft
1 Teelöffel Rosenwasser
1 Prise Basilikum
6 frische rosa Geranienblätter

Die Butter und der Zucker werden in einer großen Rührschüssel schaumig geschlagen, bis sie locker und leicht sind. Fügen Sie dann den Honig hinzu, und vermischen Sie alles. Dann geben Sie die Eier, eins nach dem anderen, hinein. Rühren Sie nach jedem Ei gut durch. Fügen Sie nach und nach das Mehl hinzu, und vermengen Sie es jedesmal gründlich mit einem großen Holzlöffel. Rühren

Sie die Zitronenschale, den Zitronensaft, das Rosenwasser und das Basilikum – das Kraut der Liebe – unter. Legen Sie den Boden einer eingefetteten Brotleibform (23 x 13 x 7,6 cm) mit den Geranienblättern aus, und gießen Sie den Rührteig hinein. Backen Sie den Kuchen in einem auf 175 Grad vorgeheizten Ofen 1 ¼ Stunden. Wenn er fertig ist, nehmen Sie ihn aus dem Ofen und lassen ihn 20 Minuten auf einem Rost abkühlen, bevor Sie ihn aus der Form lösen. Vor dem Servieren bestreuen Sie den Handfasting-Kuchen mit Puderzucker oder bestreichen ihn mit Zuckerguß.

Überlieferte Hexenseife

4 Pfund Schweineschmalz
13 Unzen Lauge (1 Kanne)
5 Tassen kaltes Wasser
1 Eßlöffel Lavendelöl
1 Eßlöffel Patschuliöl
1 Tasse frischer Erdbeersaft
¼ Tasse getrocknetes Seifenrindenkraut (freigestellt)

Zerlassen Sie das Schmalz bei geringer Hitze in einem großen Email- oder Eisenkessel. (*Wichtige Anmerkung*: Verwenden Sie nie Aluminiumtöpfe oder -utensilien, wenn Sie mit Lauge arbeiten.) In einem anderen Eisen- oder Emailtopf rühren Sie die Lauge und das Wasser zusammen. Erhitzen Sie es, bis kleine Bläschen entstehen – nicht kochen lassen. Nehmen Sie das Gemisch vom Herd, und gießen Sie die Laugenlösung langsam zum Schmalz. Mit einem großen Holzlöffel rühren Sie das Lavendel- und Patschuliöl, den Erdbeersaft und das Seifenrindenkraut hinein und lassen das Ganze unter häufigem Rühren etwa 30 Minuten kochen. Danach gießen

Sie die Masse in eingefettete 5 Zentimeter tiefe Email- oder Glasschalen und lassen sie über Nacht erkalten. Schneiden Sie die Seife in Vierecke, und belassen Sie diese mindestens noch drei Tage in den Schalen, bevor Sie sie herausnehmen. Legen Sie die Seifenstücke auf Wachspapier, und lassen Sie sie an einem zugfreien Ort vier bis sechs Wochen lang reifen, bevor Sie sie verwenden.

KAPITEL 9:

Die Magie der Bäume

Verehrung der Bäume

Die Anbetung von Bäumen ist die älteste Form von Religion. Die Verehrung der Bäume beinhaltete ursprünglich die Darbringung von Menschen- und Tieropfern für die „Waldgeister" im Austausch gegen Schutz vor drohendem Unheil. Dieser barbarische Brauch wurde aber schließlich aufgegeben und an seine Stelle trat die zivilisiertere und weniger grausame Sitte, für Glück auf Holz zu klopfen, die sich bis heute erhalten hat.

Baumgötter und -geister

Der Baum, Phallussymbol und verschiedenen Göttern und Göttinnen geweiht, verkörpert Leben und Unsterblichkeit. Durch die ganze Geschichte hindurch ziehen sich zahlreiche mythologische Verbindungen von Göttern und Bäumen. So wird zum Beispiel Apollo mit dem Lorbeerbaum assoziiert, Attis mit der Kiefer, Athene mit dem Olivenbaum, Osiris mit der Zeder und Jupiter mit der mächtigen Eiche.

Der Baum ist das mächtigste und majestätischste Symbol für Vegetation, und in vielen alten Sagen spielte er eine bedeutende Rolle. Von vielen Gottheiten des griechischen und des römischen Pantheons wurde geglaubt, daß sie unter Bäumen geboren worden wären, und in zahlreichen Mythen und Fabeln sind unzählige Helden (und auch Götter) durch Zauberei in Bäume verwandelt worden, entweder aus Erbarmen oder in Folge der Wut der mächtigen Götter.

Bäume waren Inkarnationen und Symbole verschiedener Gottheiten (Gautama Buddha wurde beispielsweise 43mal als Baumgeist wiedergeboren) und dienten seit alters her vielen Geistern, Nymphen und zahlreichen anderen übernatürlichen Wesen, denen sie geweiht waren, als Wohnort.

Der Dschin im alten Arabien lebte in Bäumen und besaß Kräfte, durch die er seine Gestalt verändern konnte. In Deutschland und Skandinavien glaubte man, daß fremdartige, zwergähnliche Kreaturen, bekannt als „Moos-Weiber“ oder „Wild-Frauen“, in bestimmten Bäumen in den Wäldern leben würden. In Rußland gingen Geschichten von einäugigen Walddämonen um, und in Südamerika spukten in den Urwäldern gefährliche Waldgeister, die die Menschen in den Tod lockten. In der japanischen Volkskunde stößt man auf groteske Waldgeister mit dem Kopf und den Klauen eines Falken, dem Körper eines Mannes und einem langen Rüssel. Im alten Ägypten und in Persien lebten zahlreiche Götter und Göttinnen in Bäumen oder nahmen die Gestalt von Bäumen an (vor allem die der heilige Sykomore), und in Griechenland wird von weiblichen Baumnymphen erzählt, bekannt als Dryaden oder Hamadryaden, deren Leben mit einem bestimmten Baum verbunden war. Sie fühlten jede Verletzung an den Ästen oder Zweigen wie eine Wunde an ihrem Körper und starben, wenn der Baum welkte und starb.

Ebenso wie es mythologische Verbindungen zwischen Göttern und Bäumen gab, so existieren diese auch zwischen Bäumen und Nymphen: Rhoea und der Granatapfelbaum, Helike und die Weide, Philyra und die Linde, Daphne und der Lorbeer und so fort.

In ganz Afrika wird den Bäumen mit Ehrfurcht begegnet. Man glaubt, daß die Stammesgötter darin leben und wohlwollende Geister, die Sonne und Regen schenken, das Getreide wachsen lassen und die Frauen mit Fruchtbarkeit segnen. Bei den Basoga in Zentralafrika herrscht die Überzeugung, daß ein Baumgeist wütend wird, wenn man seinen Baum fällt, und er den Stammesführer und dessen ganze Familie dafür mit dem Tod bestrafen wird.

Die Irokesen und andere Eingeborenenstämme Amerikas glaubten, daß jeder Baum seinen eigenen Schutzgeist oder -gott hat, und es war Brauch, sich bei diesen für die Früchte, die sie schenkten, zu bedanken.

In religiösen japanischen Schriften taucht Kuku-No-Chi auf, ein Gott, der in Baumstämmen weilt, sowie Hamori, ein Gott, der die Blätter der Bäume schützt. Die Japaner glaubten auch, daß jeder Baum von seiner eigenen Gottheit beschützt wird.

Bäume in der Alten Religion

Unter den überlieferten Symbolen nimmt der Baum eine der bedeutsamsten Stellungen ein, und seine Verehrung war ein wesentlicher und maßgeblicher Bestandteil der religiösen Geschichte fast jeden Volkes auf der Erde.

In der Baumverehrung vieler alter Paganenkulturen wurden die meisten Bäume als weiblich betrachtet und ihr Saft den Göttern in goldenen Pokalen als Opfer dargeboten. Man glaubte, daß alle Teile des Baumes mystische Kräfte besäßen, aber Schößlinge, die über den Gräbern von geopferten Menschen oder Tieren wuchsen, waren besonders heilig.

Bäume waren ein wesentlicher Bestandteil in der Religion der Chaldäer. Auf alten Tempelanlagen und Zylindern fand man heilige, baumförmige Symbole eingraviert. In alten chaldäischen Texten wird außerdem die Verwendung von Baumästen in religiösen wie auch magischen Zeremonien beschrieben.

Im antiken Attika wurden während der orgiastischen Dionysien (das Fest des griechischen Weingottes Dionysos) die Bäume mit wallenden Gewändern und Edelsteinen herausgeputzt, um den Gott zu verkörpern. Diese Sitte war auch noch bei anderen griechischen (wie auch römischen) Festen gang und gäbe.

Viele alte Indianerskulpturen stellen stilisierte heilige Bäume dar, mit Girlanden geschmückt und umgeben von treuen Anhängern. (In einem weiteren Schritt hin zur Stilisierung des heiligen Baumes wurde dieser mit einer Maske oder Kleidungsstücken dekoriert, um die Gottheit zu symbolisieren, und schließlich wurde aus dem Stamm ein Standbild geschnitzt.)

Wenn in Griechenland ein Gott oder eine Göttin geehrt wurde, flocht man Kränze aus seinem oder ihrem heiligen Baum, setzte sie dem Baum auf und huldigte ihm. Um ein gutes Gelingen zu erbitten, wurden auch verschiedene Opfergaben und Geschenke ebenso wie Jagdtrophäen und Waffen der Sieger in den Baum gehängt.

Selbst nachdem viele Paganen zu den Bräuchen des Christentums konvertiert waren, zündeten die Menschen weiterhin Kerzen unter bestimmten heiligen Bäumen an und brachten kleine Opfergaben dar. (Auch heutzutage behängen Hexen immer noch bestimmte Bäume mit Kränzen und führen Kreistänze darunter aus.)

Yggdrasil

Die Vorstellung des Universums als Baum taucht wiederholt in der paganen Mythologie und Symbolik auf. Am bekanntesten ist dieses Bild wahrscheinlich in seiner skandinavischen Form, in der von einer gigantischen immergrünen Esche, bekannt als „Yggdrasil“, gesagt wurde, sie sei der „Weltenbaum“, der Himmel und Unterwelt verbinden würde. Ihr mächtiger Stamm durchdrang das Zentrum der Welt, ihre Äste erstreckten sich über die Himmel und waren mit leuchtenden Sternen behängt. Die drei Schicksalsgöttinnen lebten unter ihren Wurzeln zusammen mit einer riesigen, drachenähnlichen Schlange. Jeden Tag versammelten sich die Teutonengötter unter Yggdrasil, um Gericht zu halten.

Der Lebensbaum

In der Volkskunde und Mythologie vieler verschiedener Kulturen rund um den Erdball wird von einem riesigen Lebensbaum berichtet, der die Essenz aller Bäume sei, und dessen Früchte Unsterblichkeit verleihen würden, wenn Sterbliche sie verzehrten.

In der Nahua-Legende war die Agave der Lebensbaum – eine tropische Pflanze, die von der vierhundertbrüstigen Göttin Mayauel entdeckt worden sein soll. (Entsprechend der Religion der alten Azteken verwendete der hundsköpfige Gott Xolotl die „Milch“ der Agave dazu, den ersten Mann und die erste Frau zu nähren, die die Götter erschaffen hatten.)

In der Kabbala ist der Lebensbaum ein mystisches Diagramm von Gott, Mensch und dem Universum; und selbst in der Bibel (Genesis, Kapitel II) wird ein Lebensbaum erwähnt, der im Garten Eden zusammen mit dem Baum der Erkenntnis von Gut und Böse wuchs, der die verbotene Frucht hervorbrachte.

Nach den Legenden der Chinesen, Indianer und Südamerikaner steigen die Seelen der Toten durch den Stamm eines heiligen Lebensbaumes ins Paradies auf.

Von den alten Kelten wurde der Apfelbaum als Lebensbaum verehrt. Für die Chinesen waren sowohl der Pfirsichbaum als auch die Dattelpalme Lebensbäume und bei den Semiten galt ebenfalls die Dattelpalme als Lebensbaum. In der babylonischen Legende des Garten Eden erscheint die Palme als Lebensbaum.

In Indien war der Feigenbaum heilig. Wie bei Yggdrasil ragten seine Äste bis in den Himmel, während seine Wurzeln tief in die Unterwelt hinabdrangen.

Der Feigenbaum wurde von vielen Völkern als Lebensbaum angesehen und auch oft als ein Baum der Erkenntnis verehrt.

Das Volk der Kayan in Zentral-Borneo glaubte, daß ihr Volk aus den Ästen und Blättern eines wundersamen Lebensbaumes entstanden sei, der zu Beginn aller Zeiten vom Himmel auf die Erde gefallen wäre.

Sakrale Haine

Im Alten Testament gibt es einige Hinweise auf heilige Haine und das Errichten von Altären darin.

In der griechischen Mythologie befand sich ein Orakel des Gottes Zeus in einem heiligen Hain von Eichenbäumen. Der sakrale Hain von Dodona besaß die Kraft der Prophezeiung, und die vestalischen Feuer im als heilig verehrten Hain am Nemi-See waren aus Eichenholzstöcken und -scheiten.

Ein großer Baum innerhalb eines sakralen Hains verkörperte die männliche Gottheit in der Göttin, sowohl als Sohn als auch Geliebter. Einen Ast vom heiligen Baum abzubrechen kam einer Kastrationsdrohung an den Gott gleich.

Im Diana-Hain bei Nemi bekämpften sakrale Könige jeden als Feind, der es wagte, einen Ast der heiligen Bäume abzubrechen. Patriarchalische Priesterschaften fürchteten die sakralen Haine und betrachteten sie als böse und gefährlich. Diejenigen, die versuchten sie zu zerstören, wurden durch den Fluch der Muttergöttin bestraft, wie dies in vielen moralisierenden Mythen beschrieben wird, zum Beispiel in der Legende von Erysichthon, der durch den Zorn der Göttin Demeter in einen elenden, dreckfressenden Bettler verwandelt wurde.

Ein heiliger Zypressenhain bei Phlius auf dem Peloponnes diente als Zufluchtsort für entflohene Sträflinge, und die Äste der Bäume waren umschlungen mit den abgelegten Fesseln und Ketten der flüchtigen Rechtsbrecher.

Die sieben heiligen Bäume der irischen Haine waren die Birke, Weide, Stechpalme, der Haselnußbaum, die Eiche, der Apfelbaum und die Erle. Sie entsprechen folgenden Wochentagen und Planeten:

Baum	*Tag*	*Planet*
Birke	Sonntag	Sonne
Weide	Montag	Mond
Stechpalme	Dienstag	Mars
Haselnuß	Mittwoch	Merkur
Eiche	Donnerstag	Jupiter
Apfelbaum	Freitag	Venus
Erle	Samstag	Saturn

Die bekannteste heilige Stätte der Druiden war der Hain von Derry. Der Hain wurde auch durch die Angst vor einem Fluch beschützt. Sein magischer Name wird heute noch angerufen in dem Bardenausspruch „Hey Derry Down“ im Refrain alter keltischer Balladen.

Baumgesetze

In Dalmatien mußte laut Gesetz ein Huhn geopfert werden, bevor ein Baum gefällt werden durfte. In vielen Regionen rund um den Globus war es jedoch überhaupt gesetzeswidrig, einen Baum zu fällen (oder sogar nur einen Zweig oder Ast abzubrechen).

Entsprechend einem alten deutschen Gesetz wurde das Abziehen der Rinde eines lebenden Baumes damit bestraft, daß dem Missetäter der Nabel herausgeschnitten und an die Stelle des Baumes genagelt wurde, von der er die Rinde abgezogen hatte. Der Übeltäter wurde dann so lange um den Baum herumgetrieben, bis seine Eingeweide um den Stamm gewunden waren, um die abgeschälte Rinde zu ersetzen.

Auch in vielen anderen Teilen der Welt gab es Gesetze gegen das Fällen oder Beschädigen von Bäumen. In Litauen wurde es beispielsweise bis zum 14. Jahrhundert als Sünde betrachtet, auch nur einen Zweig eines Baumes abzubrechen.

Bäume und Vampire

In einigen Ländern der Erde verwendete man im frühen Mittelalter Wacholderbäume als Schutz gegen Vampire. Esche, Weißdorn und Eberesche schrieb man mystische und beschützende Eigenschaften zu. Vor allem aus dem Holz dieser Bäume wurden die Pflöcke geschnitzt, die man durch das Herz der suspekten Leichname trieb, damit sich diese nicht in Vampire verwandeln und nachts auf der Suche nach menschlichem Blut aus ihren Gräbern steigen sollten.

Baumkunde

Seit uralten Zeiten sind Bäume ein wichtiger Bestandteil von Volksmedizin, Schamanismus, Wahrsagung, Magie und Aberglauben gewesen. Ihre Wurzeln, Rinden, Blätter, Äste, Samen und Früchte kurierten viele Leiden, bewahrten Häuser, Menschen und Tiere vor Bösem, Unglück und Blitzschlag, verliehen magischen Kräutermischungen, Tränken und Aphrodisiaka zusätzliche Stärke und unterstützten Hexen und Hexenmeister beim Ausüben aller möglichen wundersamen Zauber.

Akazie ■ In Indien und Patagonien glaubt man, daß in Akazienbäumen Geister wohnen. Den Bäumen werden Gaben und Opfer dargebracht im Austausch für Fruchtbarkeit, Heilung und Schutz vor Bösem und Unglück.

Akazienholz wird bei rituellen Handlungen auf den heiligen Altären der Buddhisten verbrannt. Bei den Hindus wird es für dieVorbereitung der Opferfeuer verwendet.

Erle ■ In alten Zeiten wurde die Erle in Verehrungsriten der Göttin Astarte verwendet sowie in der Wahrsagerei, um Krankheiten zu diagnostizieren.

Entsprechend den Legenden blutet und weint eine Erle und beginnt zu sprechen, wenn sie gefällt wird. Früher gab es in Irland ein Gesetz, das es verbot, Erlenbäume zu fällen.

Die Erle wird in der Volksmedizin eingesetzt, um Verbrennungen, Krätze und Rheumatismus zu behandeln.

Apfelbaum ▪ In Europa ist der Apfelbaum bekannt als der „Baum der Unsterblichkeit durch Weisheit". Von seinen Früchten handeln zahlreiche Sprichwörter und Redensarten.

Nach irischen Sagen wurden die Apfelbäume (ebenso wie Nußbäume, Eichen und die fünf mystischen Bäume, die für die fünf Sinne stehen) vom Kleeblatt- (oder Shamrock-)Gott Trefuilngid Tre-Eochair geschaffen, der mit dem Heiligen Patrick gleichgesetzt wurde und ebenfalls bekannt ist als der Dreifache Träger des Dreifachen Schlüssels (ein Name der sich auf den Dreizack oder dreifachen Phallus bezieht, gestaltet, um die Dreifache Göttin zu befruchten).

In vielen Teilen Europas wird bei der Geburt eines Jungen ein Apfelbaum gepflanzt in dem Glauben, daß das Kind mit dem Baum wachsen oder schwinden wird. Der Brauch einen „Geburtsbaum" zu pflanzen, ist auch in Westafrika, Papua Neuguinea, in den Südstaaten der USA und Teilen von Holländisch-Borneo verbreitet.

In der Irokesen-Mythologie ist der Apfelbaum der Hauptbaum des Himmels.

Aus dem Holz des Apfelbaumes werden Stäbe für das Ziehen magischer Kreise gemacht; die Früchte des Baumes kommen in der Liebesmagie, in Voodoo-Liebes-Charms, Fruchtbarkeits-Charms, der Wahrsagerei und Unsterblichkeitszaubern zur Anwendung.

Kirchenmänner im Mittelalter glaubten, daß Zauberer dämonische Besessenheit auslösen könnten, indem sie ihren Opfern vergiftete oder verzauberte Äpfel gäben.

Das Bobbing für Halloween-Äpfel* ist ein Überbleibsel aus der druidischen Heiratswahrsagerei, und im mittelalterlichen Europa ging der Glaube um, daß eine alleinstehende Frau das Bild ihres zukünftigen Gatten sehen könne, wenn sie in der Halloween-Nacht bei Kerzenlicht vor einem Spiegel einen Apfel schäle.

Bestens bekannt ist der Apfel als die verbotene Frucht, die von Adam und Eva gegessen wurde. In der Bibel jedoch wurde diese Furcht nie genau benannt, ebensowenig wurde der Apfel in Verbindung mit der Adam-und-Eva-Geschichte überhaupt erwähnt.

Esche ■ In Irland verwendeten die Druiden Stäbe aus Eschenholz in magischen Riten. In Schottland wurde die Esche zum Schutz für Kinder gegen Zauberei eingesetzt, und in England galt sie als Volksheilmittel gegen Warzen.

Kinder führte man häufig durch das Geäst von Eschen um Brüche oder Rachitis zu kurieren.

Mit Eschenruten wurden mittels Magie Nutztiere geheilt, magische Kreise gezogen und Schlangen ferngehalten.

Bambus ■ In Indien symbolisiert der Bambus Freundschaft und ist ein Sinnbild für das heilige Feuer. Sein Holz wird üblicherweise bei den magischen Ritualen der melanesischen Stämme und der Semang in Malaysia verwendet. In Japan gilt er als heilig und ist verknüpft mit der Anbetung des Mondes und Mondmagie.

---

* Ein anglo-amerikanisches Halloween-Spiel: In eine Regenwassertonne oder einen großen Eimer mit Wasser werden Äpfel geworfen. Dann verbindet man einer Person die Augen, sie muß die Hände hinter dem Rücken verschränken und dann „blind" mit dem Mund die Äpfel aus der Tonne fischen.

Banyan (Bengalesische Feige) ■ Der bengalesische Feigenbaum ist den Sehern und Asketen in Indien heilig. In der indischen Mythologie ist er der Baum der Erkenntnis. Der Hindu-Gott Vishnu wurde im Schatten eines Banyan geboren, und daher glaubte man, daß jeder, der es wagte, einen solchen Baum zu verletzten oder zu fällen, die Götter erzürnen und dafür mit dem Tod bestraft würde.

Berglorbeer ■ Der Berglorbeerbaum ist ein Symbol für Wiederauferstehung und wird bei Ritualen zur Heilung, Wahrsagung und Traummagie verwendet. Die Kräuterkundigen der alten Zeiten setzten seine Wurzeln für die Behandlung von Leber-, Milz- und Erkrankungen anderer innerer Organe ein. Sie glaubten, daß die Beeren des Baumes das Toxin giftiger Organismen neutralisieren könnten sowie die Behandlung von Husten und Tuberkulose unterstützten. Die Blätter wurden als äußerst mystisch angesehen und dazu verwendet, Häuser vor Blitz- und Donnerschlag zu bewahren sowie um Zauberer und böse Dämonen fernzuhalten.

Birke ■ In der skandinavischen Mythologie symbolisiert die Birke die Wiedergeburt des Frühlings.

Als magischer Baum wird die Birke in Reinigungsriten und in der Wetter-Magie verwendet. Der Hexenbesen war traditionell aus Birkenholz gefertigt.

In Neufundland gibt es einen alten Aberglauben, nach dem ein Birkenbesen die „Familie hinwegfegen" wird.

Ein Spezialbesen aus Birkenzweigen wurde im mittelalterlichen Europa als Prügelwerkzeug verwendet, um böse Dämonen, Kobolde und Geister auszutreiben.

In manchen Regionen Rußlands ist es Brauch, einer Birke am Weißen Sonntag Frauenkleider anzuziehen.

Zeder ■ In Mesopotamien wurde die Zeder sowohl als Gottheit als auch als Orakel betrachtet. Die Japanische Zeder (bekannt als „Baum des Feuers") gilt als heiliger Baum und wird oft in der Nähe von heiligen Stätten gepflanzt.

Ceiba ■ Der fünfblättrige Seiden-Baumwollbaum, bekannt als Ceiba Pentandra, gilt in Santeria als heiliger Baum. Den Santeros (die Priester der Santeria-Religion) dient er auf sechs verschiedenen Weisen: 1. die Blätter für jede Art von Liebesmagie; 2. die Wurzeln, um Opfergaben darauf zu plazieren und um das Blut von Tieren aufzufangen, die einem bestimmten Gott oder einer Göttin geopfert werden; 3. der Stamm für das Aussprechen von Zauber; 4. die Baumrinde in Kräutermischungen und Tränken für medizinische Zwecke; 5. die Erde um den Baum herum für schwarze Magie; 6. der Schatten des Baumes soll Geister anziehen und seine übernatürlichen Kräfte allen Zaubern verleihen, die darunter vergraben werden.

Kirschbaum ■ Im 14. Jahrhundert gab es einen Baumkult in Ise auf Japan, bei dem ein Kirschbaum mit dem Namen „Sakura-No-Miya" verehrt wurde.

Kirschen werden in Liebeszaubern, Aphrodisiaka und der Heilungsmagie verwendet, wohingegen in der Volksmedizin alle Teile des Baumes für die Behandlung von Beschwerden wie postnatale und menstruelle Blutungen, Asthma, Husten, Allergien und Syphilis eingesetzt werden.

Kokosnußpalme ■ Die Kokosnußpalme war in Norditalien heilig, und der Verzehr ihrer Früchte sollte unfruchtbare Frauen fruchtbar werden lassen. Der Baum wird hauptsächlich für die Kunst der Weissagung verwendet. In Westindien wurden seine Früchte und Blüten auch als Opfergaben an die Meeresgötter in den Ozean geworfen.

Zypresse ■ Die Zypresse ist das Symbol für die unsterbliche Seele, den Tod sowie Trauer und Gram. Aus Zypressenholz wurden die Särge der griechischen Heroen und die Kisten für die ägyptischen Mumien gefertigt. Die Samen wurden gegessen, um Stärke, Gesundheit und Jugend zu erlangen. Die Früchte verwendete man in der Volksmedizin gegen Beschwerden wie Zahnfleischbluten, lockere Zähne, Durchfall und Ruhr.

Holunder ■ Der Holunder ist ein kleiner Baum, der vor allem an Fluß- und Seeufern wächst. In vielen Kulturen wird er mit Hexen und Magie in Verbindung gebracht. In Irland hieß es, daß Holunderstöcke von Hexen als „Zauberpferde" benutzt würden, und in England existierte der alte Volksglaube, daß ein Säugling in einer Wiege aus Holunderholz entweder vor Gram sterben oder von Feen gestohlen würde. Außerdem wurde gesagt, daß der Holunder ein heiliger Baum sei und nie vom Blitz getroffen würde.

Holunderstöcke in einem Feuer am Weihnachtsabend zu verbrennen oder diese am Vorabend des St. Johannistages zu schneiden, soll diejenigen enthüllen, die die schwarzen Künste der Zauberei ausüben.

Holunderbeeren werden in Beuteln als Charms zum Schutz gegen Gift-Sumach getragen sowie an Halsketten als magisches Heilmittel gegen Wassersucht.

Die Holunderblüten mit ihrem süßen, schweren Duft wurden lange Zeit mit Tod und Begräbnis in Verbindung gebracht. Ein alter Glaube ist auch, daß es ein Zeichen dafür sei, daß ein Verstorbener seine Ruhe gefunden habe, wenn ein auf seinem Grab eingepflanzter Holunderzweig zu wachsen begänne.

In alten Tagen wurden Holunderblüten an Stalltüren gehängt, um Pferde vor schwarzer Magie zu schützen. Kränze aus Holunderblüten verwendeten die Druiden, um heilige Altäre für Beltane zu schmücken und böse Mächte fernzuhalten.

Die amerikanischen Ureinwohner nannten den Holunder den „Baum der Musik“ und fertigten magische Flöten aus seinen Ästen. Außerdem verwendeten sie die Rinde als entgiftenden Umschlag bei Entzündungen und schmerzhaften Schwellungen.

In der Volksmedizin wurden alle Teile des Holunderbaums für die Behandlung zahlreicher Leiden und Krankheiten eingesetzt.

Aus den purpurglänzenden schwarzen Beeren läßt sich ein köstlicher Wein keltern, und aus den getrockneten Blüten ein beruhigender Tee bereiten. Holunder wurde von Hexen als Aphrodisiakum verwendet sowie als magische Zutat bei vielen Zaubern, die Liebe, Schutz und Wohlstand zum Inhalt haben.

Ulme ■ Die Ulme ist ein Schattenbaum, dem man die mystische Eigenschaft nachsagt, daß er gegen Blitzschlag schützen soll. In England wurde sie mit dem Feenvolk in Verbindung gebracht und von den Santeros von Santeria beim Wirken magischer Zauber eingesetzt.

In der Teutonen-Mythologie erschufen die Götter die erste Frau auf Erden aus einer Ulme.

Die Ulme dient in der Volksmedizin zur Behandlung von Schwellungen, Husten, Hauterkrankungen und Infektionen der Geschlechtsorgane.

Feigenbaum ■ Der Feigenbaum ist das Symbol für Frieden und Überfluß. In seinem Schatten sollen Geister wohnen, und seine Rinde und Früchte werden sowohl in der Magie als auch in der Volksmedizin verwendet, um verschiedene Leiden und Krankheiten zu behandeln.

In den Evangelien wird berichtet, daß Jesus den Feigenbaum zu „Unfruchtbarkeit verdammte“, weil er sich weigerte, für ihn Früchte außerhalb der üblichen Jahreszeit zu tragen (Markus II:13–22). Im Buch Genesis heißt es, daß die Blätter des Feigenbaumes von Adam und Eva dazu verwendet wurden, ihre Nacktheit zu bedecken, nachdem sie Erkenntnis erlangt hatten.

Haselnuß ■ Die Haselnuß wurde schon immer mit Hexen und Zauberei in Verbindung gebracht, und der Name „Zaubernuß“ hat sich bis heute erhalten. Der Baum wurde auch mit dem Gott Thor assoziiert.

Der Haselnußbaum ist bekannt als der „Baum der Weisheit“ (vor allem in den irischen Sagen), und er wird in magischen Zaubern für Unsterblichkeit, Schutz und Heilung verwendet. Haselnußruten sollen wahrsagerische Eigenschaften besitzen und wurden lange Zeit von Rutengängern verwendet, um vergrabene Schätze und Grundwasser zu lokalisieren. Sie wurden auch traditionell als Zauberstäbe von Weißmagiern verwendet sowie um Tiere vor Verhexungen durch Elfen oder ruchlose Dämonen zu schützen. Nach dem walisischen Volksglauben hilft es bei der Erfüllung eines Wunsches, wenn Haselnußzweige in ein „Wunschkäppchen“ eingewoben werden.

Lorbeerbaum ■ Der Lorbeerbaum ist das Symbol für Unsterblichkeit, Sieg und Frieden. Er soll Propheten zu Visionen verholfen haben und wurde mit poetischer Inspiration in Verbindung gebracht.

Lorbeerblätter wurden von den Anhängerinnen der Dreifachen Göttin in Tempe gekaut, um eine poetische und erotische Ekstase herbeizuführen. Auch die Pythian-Priesterin des Orakels von Delphi kaute die Blätter, um Eingebungen für Deutungen zu erhalten.

Der Lorbeer spielt bei allen Arten der Liebesmagie, Wunschmagie und Heilungsmagie eine große Rolle.

Linde ▪ In Deutschland galt die Linde als heiliger Baum. Nach Volkslegenden und Aberglauben wohnten in ihr Zwerge, und sie besaß die Macht, Helden in einen Zauberschlaf fallen zu lassen.

Die Frucht der Linde wird vor allem für Liebesmagie verwendet, in einigen Teilen Indiens ist sie jedoch auch Hauptbestandteil vieler mächtiger Verwünschungen.

In der Volksmedizin dient die Linde als Wundpflaster sowie zur Behandlung von Erkältungen, Halsentzündungen und Skorbut.

Ahorn ▪ Der Ahorn ist das Symbol für Vorrat. Früher wurden seine Zweige häufig als Wünschelruten verwendet, um Grundwasser zu lokalisieren. In Japan werden seine Blätter in Blütenfesten gefeiert, und einen Absud aus Ahornrinde verwenden verschiedene nordamerikanische Indianerstämme als Brechmittel.

Myrte ▪ Die Myrte ist ein immergrüner Baum, der symbolhaft für Liebe und Ehe steht. Die Myrte ist vielen Liebesgöttinnen geweiht und gilt auch als Symbol für Autorität, Unsterblichkeit, Tod und Wiederauferstehung.

Kränze aus Myrtenblüten wurden in der Antike von römischen Bräuten an ihrem Hochzeitstag getragen. Die Myrte stand aber auch für außereheliche oder inzestuöse Liebe und war in vielen religiösen Zeremonien verboten.

In der Volksmagie wird Myrte für Liebeszauber, Charms, die Leidenschaft steigernde Aphrodisiaka und für Zauber, die ein günstiges Schicksal anziehen sollen, verwendet.

Eiche ■ Die Eiche ist ein Baum mit vielen alten magischen und mystischen Verknüpfungen. In der alexandrinischen Wicca-Tradition symbolisiert die Eiche die Aspekte des zunehmenden Jahres des Gehörnten Gottes. Von dem griechischen Philosophen Sokrates wurde sie als ein „Orakel-Baum" betrachtet, und für die keltischen Druiden war sie der heiligste aller Bäume. Sie glaubten, daß die Eichenblätter große übernatürliche Kräfte besäßen, um zu heilen und Stärke wiederherzustellen. Eicheln (die „Frucht" der Eiche) wurden von den Druiden als Vorbereitung auf Weissagungen gegessen.

Die alten Römer glaubten ebenfalls an die wundersame Kraft der Eiche und trugen Kränze aus Eichenblättern auf ihren Köpfen als Schutz gegen böse Mächte.

Menschenopfer wurden dem Phönizier-Gott Baal; „unter jeder grünen Eiche" (Ezechiel 6:13) dargebracht; und in Estland wurde das Blut von geschlachteten Tieren als Trankopfer für die Götter über die Wurzeln der Eichen gegossen.

Eichenholz ist das traditionelle und unentbehrliche Holz für den Julscheit und die Mittsommernachts-Feuer. Eichenäste werden in Wicca-Zaubern verwendet, um Glück anzuziehen, und aus der Rinde wird ein magisches Räucherwerk hergestellt, um die Götter und Göttinnen zu ehren, denen die Eiche geweiht ist. In der Volksmedizin wurde Eichentee zur Behandlung von Fadenwürmern, Gallensteinen, lockeren Zähne und Geschlechtskrankheiten eingesetzt.

Olivenbaum ■ Der Olivenbaum ist das Symbol für Frieden und göttlichen Segen. Aus seinen Zweigen wurden

Kronen gemacht, die von griechischen Bräuten, römischen Eroberern und den Göttern auf dem Olymp getragen wurden. Olivenzweige brachte man auch auf Kaminen und über Türen an, um vor Blitzschlag zu schützen und Zauberer, Dämonen und böse Geister fernzuhalten.

Der Olivenbaum und seine Frucht wurden in Heilungszaubern, Liebesmagie und alten Fruchtbarkeitsriten verwendet. Olivenöl diente zur Einsalbung von Altarkerzen, zum Segnen von religiösen Statuen und als Brennstoff für geweihte Tempelleuchten.

Orangenbaum ■ Der Orangenbaum ist das Symbol für ewige Liebe, Keuschheit und Reinheit. Seine Blüten wurden als Brautblumen getragen und seine Frucht von Voodoo-Magiern in Liebesmagie verwendet und von europäischen Zauberern in schwarzer Magie, allerdings im wohlwollenden Sinne.

Palme ■ Die Palme ist der Baum des Lebens und in vielen alten Mythen Wohnort der Göttin. Sie wird in Fruchtbarkeitsritualen verwendet und für Santeria-Wettermagie.

Pfirsichbaum ■ In China ist der Pfirsichbaum ein Sinnbild für Langlebigkeit und ein heiliges Symbol der Göttin Yoni. Man glaubte, daß der Baum starke spirituelle Kräfte besäße, und chinesische Hexenmeister verwendeten magische Stäbe aus seinen Zweigen in Unsterblichkeitszaubern, Fruchtbarkeitsriten und Ritualen, um Dämonen und böse Geister fernzuhalten.

In Japan symbolisiert der Pfirsichbaum Fruchtbarkeit, und sein Holz wird von Wasserhexen als Wünschelrute eingesetzt.

Pfirsichstöcke werden in der Volksmedizin für die Behandlung von Magenverstimmungen, Unterleibsschwellungen und Herzschmerzen benutzt. Laut einem alten Volksglauben in Italien und dem südlichen Teil der USA können Warzen kuriert werden, indem man Pfirsichblätter vergräbt.

Birnbaum ■ In vielen Teilen Europas wird ein Birnbaum gepflanzt, wenn ein Mädchen zur Welt kommt, und man glaubt, daß das Kind mit dem Baum wächst oder stirbt.

Kiefer ■ Die Kiefer symbolisiert Leben, Langlebigkeit und Unsterblichkeit. Der Kiefernzapfen ist das semitische Symbol für Leben.

In der japanischen Mythologie heißen die Geister der Kiefer Jo und Uba. Kiefern sind ein Symbol für Treue in der Ehe, und es gibt zahlreiche Mythen über treue Liebende, die durch Magie in Kiefernbäume verwandelt wurden.

Kiefernzweige werden in vielen indianischen Zeremonien verwendet und ihr Rauch wird von den Indianern eingesetzt, um Leiden wie Rheumatismus, Husten und Erkältungen zu kurieren.

In Tirol werden Kiefern als „Heiratsbäume“ gepflanzt, und Hexen in Europa und den USA verwenden sie in der Schutz- und Heilungsmagie und für Zauber, die die Zuneigung eines anderen gewinnen sollen. Kiefernräucherwerk wird häufig in Gegenzaubern und in Reinigungsriten eingesetzt.

Pappel ■ Die Silberpappel gilt als ein Baum der Herbst-Tagundnachtgleiche und des Alters. Im vorhellenistischen Griechenland diente die Schwarzpappel als „Beerdigungsbaum“ und war der Mutter Erde geweiht.

Im altrömischen Volkstum war die Pappel dem Helden Herkules heilig, und im England des 17. Jahrhunderts galten ihre Blätter als eine wichtige Zutat bei Hexentränken und magischen Charms.

Eberesche ■ Die Eberesche ist ein Baum mit vielen mythischen und magischen Assoziationen. Den Druiden galt sie als heiliger Baum, und im Mittelalter glaubte man, daß sie gegen Zauberei und böse Geister schützen würde.

Mit den Beeren der Eberesche wurden die Wunden der im Kampf Versehrten geheilt, und man glaubte, daß diese einem Mann ein weiteres Lebensjahr schenken würden. Heuzutage werden die getrockneten Beeren zermahlen, um daraus magisches Räucherwerk herzustellen, das in rituellen Anrufungen der Göttin oder von Geistführern, Hexenschutzgeistern oder Elementargeistern verbrannt wird.

Ebereschenblätter werden in der Liebeswahrsagerei verwendet sowie für Zauber und Rituale, um die poetische Kreativität zu steigern.

In alten Zeiten wurde der Ebereschen-Hexentag am altkeltischen Beltanefest (1. Mai) gefeiert, das heute einer der vier großen Hexensabbate ist.

Weide ■ Die Weide, ein Baum, der häufig in der Nähe von heiligen Brunnen wächst, wird seit langer Zeit mit dem Hexenkult und der Verehrung der Göttin in Verbindung gebracht. Hexen und pagane Dichter betrachteten sie als heiligen Baum, da alle Teile der Weide für die Ausübung von Magie verwendet werden können. Aus dem Holz lassen sich erstklassige Stäbe für Heilungsrituale und Mondmagie herstellen, und es kann auch für Talismane verwendet werden, wenn man nach dem Schutz der Göttin verlangt.

Weidenkätzchen, die sowohl mit Heilung als auch mit dem Frühling assoziiert werden, sind passende Altardekorationen für Lichtmeß, da dieser Sabbat (auch bekannt als Imbolc) das Fest der Brigit ist – der paganen Göttin der Heilung und heiligen Brunnen. Sie wurden auch von den Druiden als Schutzamulette verwendet, und im Mittelalter war es allgemeiner Glaube, daß die Schutzgeister der Hexen aus den Weidenkätzchen wachsen würden.

In Nordeuropa war die Weide so stark mit der Alten Religion verbunden, daß sogar das Wort „Witch" (die englische Bezeichnung für Hexe) vom alten Wort „Willow" (englisch für Weide) abgeleitet wurde.

In China gilt die Weide als Baum der Unsterblichkeit; und in Europa ist sie das Symbol für Redekunst.

Eibe ■ In vielen Teilen der Welt gilt die Eibe, wie andere Nadelbäume auch, als ein „Baum der Unsterblichkeit". Im Mittelalter war sie bei der Ausübung der Zauberkunst sehr verbreitet. In Shakespeares Macbeth (4 Akt: Szene 1) ist sie eine der mystischen Kesselzutaten der Hexengöttin Hekate.

Laut einem alten Aberglauben wird ein Mann oder eine Frau, der oder die es wagt, im Schatten einer Eibe zu schlafen, entweder einen schrecklichen Tod erleiden oder in einen verzauberten Schlaf fallen.

Planetarische und Tierkreis-Korrespondenzen

Im folgenden erhalten Sie eine Auflistung von Bäumen mit deren planetarischen Regenten und astrologischen Einflüssen, sofern sie welche haben.

Acajoubaum: Mars, Skorpion
Ahorn: Jupiter

Apfelbaum: Venus; Waage und Stier
Aprikosenbaum: Venus und Neptun
Avocado: Venus
Balsambaum: Merkur
Bananenbaum: Mond; Skorpion
Bengalesische Feige: Jupiter
Bergamottenbaum: Venus
Berglorbeer: Sonne; Löwe
Birke: Venus
Birnbaum: Venus und Neptun
Brotfruchtbaum: Venus
Buche: Saturn; Schütze
Buchsbaum: Saturn
Eberesche: Mond
Eibe: Saturn; Steinbock
Eiche: Jupiter, Schütze
Erle: Venus; Krebs (schwarze Erle) und Fische (gemeine Erle)
Esche: Sonne
Espe: Merkur
Eukalyptus: Pluto
Feigenbaum: Jupiter
Granatapfelbaum: Venus, Merkur und Uranus
Hartriegel: Venus und Neptun
Haselnußbaum: Merkur
Holunder: Venus
Kaffeebaum: Merkur und Uranus
Kastanie: Jupiter
Kiefer: Saturn
Kirschbaum: Venus; Waage
Kokospalme: Venus
Kolabaum: Uranus
Linde: Jupiter
Lorbeerbaum: Merkur

Magnolienbaum: Jupiter
Mandelbaum: Sonne
Mangobaum: Mond
Mastixstrauch: Mars; Skorpion
Maulbeerbaum: Merkur und Jupiter
Mispelstrauch: Saturn
Muskatbaum: Jupiter und Uranus
Myrrhe: Jupiter; Wassermann
Myrte: Venus
Olivenbaum: Sonne und Jupiter
Orangenbaum: Venus und Neptun; Löwe
Pagodenbaum: Jupiter
Palme: Sonne; Skorpion
Pappel: Saturn
Pfirsichbaum: Venus und Neptun
Pflaumenbaum: Venus
Platane: Venus und Jupiter
Quittenbaum: Saturn
Schierling: Saturn; Steinbock
Spierbaum: Saturn
Stecheiche: Saturn; Steinbock
Storaxbaum: Sonne
Sumach: Jupiter
Sykomore: Venus und Jupiter
Tamarinde: Saturn
Tanne: Jupiter
Ulme: Saturn; Schütze
Wacholder: Sonne und Mars
Walnuß: Sonne
Weide: Mond
Weißdorn: Mars
Zeder: Merkur
Zypresse: Saturn; Steinbock

Bäume der paganen Gottheiten, Nymphen und Heroen

Die folgenden Bäume sind den ihnen nachgestellten paganen Gottheiten, Nymphen und Heroen heilig.

Ahorn: Nanabozho
Apfelbaum: Aphrodite, Flora, Herkules, den Hesperiden, Frey, Idhunn, Pomona und alle Liebesgöttinnen
Aprikosenbaum: Venus
Avocado: Flora und Pomona
Bananenbaum: Kanaloa
Banyan: Hina, Shu, Siva, Vishnu und Zeus
Birke: Thor, Kupala und die Herrin der Wälder
Birnbaum: Flora, Hera und Pomona
Brotfruchtbaum: Pukuha Kana und Opimea
Buche: Bacchus, Diana, Dionysos und Herkules
Eberesche: alle Mondgöttinnen
Eibe: Hekate und Saturn
Eiche: Allah, Ares, Balder, Blodeuwedd, Brahma, Ceres, Dagda, Demeter, Diana, Dianus, die Dryaden, Hades, Har Hou, Hera, Herkules, Horus, Janicot, Jehova, Jumala, Jupiter, Kashiwa-No-Kami, Mars, Odin, Perkunas, Perun, Pluto, Taara, Thor, Zeus und alle Donnergötter
Erle: Bran
Esche: Akka, Mars, Odin, Poseidon und Rauni
Espe: Gaia (Mutter Erde), den Maruts, Nunu und Zeus
Feigenbaum: Bacchus, Brahma, Dionysos, Flora, Jesus Christus, Juno Caprotina, Mars, Mohammed, Pluto, Pomona, Zeus und die indo-iranische Große Mutter
Ficus: Romulus und Remus
Granatapfelbaum: Du,uzu, Hera, Kubaba, Merkur, Persephone, Saturn und Uranus
Hartriegel: Apollo, Consus und Mars
Haselnußbaum: Thor und Chandra

Holunder: die Dryaden, Elle Woman, Freya, Holda, Hylde-Moer, Venus und alle Muttergöttin-Figuren

Kiefer: Attis, Cybele, Dionysos, Pan, Poseidon, Rhea, Shou-Hsing und Silvanus

Kirschbaum: Flora, Pomona und Maya, die jungfräuliche Mutter Buddhas

Kokospalme: Ganymede und Tamaa

Lorbeerbaum: Apollo, Adonis, Buddha, Ra, Artemis, Gaia (Mutter Erde), Mars, Helios, Aesculapius und Daphne

Mandelbaum: Artemis, Attis, Chandra, Hekate, Jupiter, Phyllis und Zeus

Mangobaum: Pattini

Maulbeerbaum: Flora, Minerva, Pomona und San Ku Fu Jen

Myrrhe: Adonis, Aphrodite, Cybele, Demeter, Hekate, Juno, Mara, Myrrha, Ra, Rhea und Saturn

Myrte: Alcina, Aphrodite, Artemis, Astarte, Dionysos, Hathor, Myrsine, Myrtelus und Venus

Olivenbaum: Amen-Ra, Apollo, Aristaeus, Athene, Brahma, Flora, Ganymede, Indra, Jupiter, Minerva, Pomona, Poseidon, Wodan, Zeus und alle Sonnengötter

Orangenbaum: Hera und Zeus

Pagodenbaum: Buddha

Palme: Aphrodite, Apollo, Astarte, Baal Peor, Chango, Hanuman, Hermes, Merkur und Sarasvati

Pappel: Brahma, Dis, die Heliaden, Herkules, Persephone, Phaeton, Pluto und Zeus

Pfirsichbaum: Flora, Pomona, Shou-Hsing und Wang Mu

Pflaumenbaum: Flora und Pomona

Platane: Helena

Quittenbaum: Aphrodite und Venus

Stecheiche: Faunus

Storaxbaum: Loki, Merkur und Thoth

Sykomore: alle ägyptischen Götter und Göttinnen
Tamariske: Apollo
Tanne: Bacchus, Dionysos, Tapio, Byblos, Athene, Pan, Cybele, Artemis, Diana und andere Mondgöttinen
Ulme: die Devas, Embla, Ut und Vertumnus
Walnußbaum: Dionysos
Weide: Artemis, Beli, Brigit, Circe, Hekate, Helice, Hera, Hermes, Orpheus, Osiris, Persephone und alle Todesaspekte der Dreifachen Mondgöttin
Weißdorn: Cardea und Hymen
Zeder: Artemis, Ea und Wodan
Zypresse: Ahura Mazda, Apollo, Artemis, Astarte, Beroth, Cupid, Dis, die Parzen, die Furien, Hades, Herkules, Jove, Melcarth, Mithra, Ohrmazd, Pluto, Saturn und Zoroaster

Eichenzauber für gute Gesundheit

Um das ganze Jahr über bei guter Gesundheit zu bleiben, reiben Sie, entsprechend einem alten walisischen Brauch, am Johannistag Ihre linke Handfläche ohne zu sprechen an einer Eiche.

Liebesweissagung mit Eicheln

Legen Sie zwei Eicheln in einen mit frischem Regenwasser gefüllten Eimer. Wenn diese aufeinander zutreiben und sich berühren, bedeutet das wahre Liebe und Heirat; wenn sie von einander wegdriften, wird es in absehbarer Zukunft keine Hochzeit geben.

Myrten-Zauber für Liebe und Frieden

Um Liebe und Frieden in Ihr Heim zu bringen, pflanzen Sie einen Myrtenbaum auf jeder Seite Ihres Hauseingangs, wenn der Mond im Sternzeichen Stier oder Waage steht.

Haussegen

Um ein Haus zu segnen und alle negativen Energien daraus zu vertreiben, hängen Sie in einer Vollmondnacht Lorbeer in die Wohnung, verbrennen Holunderblüten oder Kieferduft oder legen Ebereschenblätter in jedes Zimmer.

Glückszauber

In einer Nacht mit zunehmendem Mond verbrennen Sie getrocknete Wacholdernadeln auf einer heißen Holzkohle als mächtigen, magischen Räucherduft, um Glück anzuziehen. Ein Amulett aus getrockneten Wacholderbeeren kann ebenfalls als Glücksbringer getragen werden.

KAPITEL 10:

Traummagie

Traummagie ist so alt wie die Menschheit und hat schon immer eine wichtige Rolle in der Hexenkunst gespielt. Träume werden als das verläßlichste aller Omen angesehen, und seit alten Zeiten haben Hexen, pagane Priester und Priesterinnen sowie Schamanen Träume genutzt, um die Zukunft zu deuten. (Der Fachausdruck für die Kunst und Ausübung der Zukunftsdeutung mittels Träumen ist „Oneuromantie".)

Es gibt viele verschiedene Arten von Träumen: Alpträume oder verzerrte Bilderwerke, die häufig durch Streß aus der Umwelt oder körperliche Leiden hervorgerufen werden, Träume, die durch unterdrückte Emotionen entstehen, außerkörperliche Erlebnisse (auch als Astralprojektionen bezeichnet), und prophetische Träume. Das sind intensive Träume über zukünftige Ereignisse, die eintreffen werden.

Eine beachtliche Anzahl von Träumen ist prophetischer Natur. Nach einem alten Volksaberglauben treten vor allem die Träume ein, die an drei Nächten in Folge geträumt werden. Wenn prophetische Träume richtig gedeutet werden, können sie die Zukunft enthüllen, entweder durch eindeutige Bilder oder durch die darin enthaltenen Symbole.

Wenn heilige oder übernatürliche Bilder in einem Traum erscheinen, nennt man dies einen hohen Traum.

Telepathische Träume (auch als ESP-Träume bezeichnet) sind Träume, in denen der Träumende Gedankenenergien von einer anderen Person oder von einem Geist auffängt. (Träume dieser Art betreffen in der Regel Ereignisse in der Gegenwart.)

Hellseherische Träume enthalten wichtige Botschaften, Warnungen und andere Mitteilungen. Diese Art von Träumen ist oft so stark und intensiv, daß der Träumende dadurch aufwacht.

Luzides Träumen bedeutet, daß einer schlafenden Person, die sich im Traumstadium befindet, bewußt ist, daß sie träumt.

Träume enthalten viele Symbole, und es ist wichtig, sie sofort nach dem Aufwachen in einem Traumbuch oder Tagebuch zu notieren, damit sie später nicht vergessen werden. (Nach einigen alten Volksaberglauben gilt es jedoch als *Glückszeichen*, wenn jemand den Traum von der Vornacht vergißt.) Nachdem Sie Ihre Träume (und Alpträume) aufgeschrieben haben, können Sie nach wiederkehrenden Mustern und Symbolen suchen und diese mit Hilfe eines Traumlexikons deuten.

Heutzutage gibt es zahlreiche Traumlexika und Traumanalysebücher auf dem Markt. Sie sind in fast jeder Buchhandlung und Bibliothek erhältlich. Einige Bücher enthalten Symbolinterpretationen, einige Aberglauben und alten Volksglauben, und in manchen ist eine Kombination von beidem zu finden.

Eine der ältesten offiziellen Schriften über Traumdeutung ist *A Treatise of the Interpretation of Sundry Dreams* (Eine Abhandlung über die Interpretation von allerlei Träumen), die zum ersten Mal Anfang des 17. Jahrhunderts verlegt wurde. Das älteste veröffentlichte Lexikon über Träume und ihre okkulte Bedeutung ist jedoch mit großer Wahrscheinlichkeit das vierbändige Opus der Traumdeutung des griechischen Wahrsagers Artemidorus aus dem Jahr 150 n. Chr.

Viele Träume prophetischer Natur können absichtlich herbeigeführt werden, und zwar durch Meditation, magische Zauber, Rituale und selbst durch Kräutertränke.

Um von der Zukunft zu träumen, muß man, laut einem alten walisischen Volksglauben, einen Mistelzweig am Vorabend zum St. Johannistag sammeln und ihn nachts unter sein Kissen legen.

Für prophetische Träume pflücken Sie eine rote Rose in den frühen Morgenstunden des Mittsommertages und räuchern sie fünf Minuten über einer großen Kohlenpfanne mit brennendem Schwefel. Schreiben Sie Ihren und den Namen Ihres Geliebten auf ein Stück Pergament. Wickeln Sie die Rose in das Pergament, und versiegeln Sie es dreimal mit Wachs, dann vergraben Sie es an der Stelle, an der Sie die Rose gepflückt haben. Um Mitternacht des sechsten Tages des siebten Monats graben Sie die Rose aus und legen sie für drei Nächte unter Ihr Kissen.

Um Ihren zukünftigen Ehepartner im Traum zu sehen, stecken Sie, nach einem alten Buch der Volksmagie und Weissagung, neun Nadeln in den Schulterknochen eines Hasen und legen ihn in einer Vollmondnacht unter Ihr Kissen.

Auch wenn Sie am Valentinstag vor dem Zubettgehen zwei Lorbeerblätter unter Ihr Kissen legen, träumen Sie von Ihrem zukünftigen Ehepartner.

Um prophetische Träume über Ihre/n zukünftige/n Geliebte/n herbeizuführen, legen Sie in einer Vollmondnacht die Tarotkarte „die Liebenden“ unter Ihr Kopfkissen.

In einer mittelalterlichen Abhandlung über Traumdeutung heißt es, um Junggesellen ihre zukünftigen Bräute in Träumen erscheinen zu lassen, mischt man Magneteisenstaub und pulverisierte Korallen mit dem Blut einer weißen Taube zu einem Teig zusammen. Den schließt man in einer großen Feige ein, wickelt sie in ein Stück blauen Stoff und trägt sie um den Hals, wenn man schlafen geht.

Wollen Sie von Ihrem zukünftigen Ehemann träumen, dann schlafen Sie mit einem Unterrock, einen Strumpfhalter, einer Gänseblümchenwurzel, einer Zwiebel oder einem Stück Hochzeitskuchen unter Ihrem Kopf. Binden Sie ein Stück Pappelzweig an Ihre Strümpfe oder Socken, und plazieren Sie sie unter Ihrem Kissen, oder reiben Sie Ihre Schläfen mit ein paar Tropfen Taubenblut ein, bevor Sie sich schlafen legen.

Entsprechend einer irischen Methode der Traumweissagung soll man, um von seinem zukünftigen Hochzeitspartner zu träumen, zehn Efeublätter schweigend in einer Samhain-Nacht pflücken. Eines der Blätter wird weggeworfen, die restlichen legt man sich vor dem Zubettgehen unter das Kopfkissen.

Eine andere Möglichkeit ist, neun Blätter einer „weiblichen“ Stechpalme um Punkt zwölf Uhr Mitternacht an einem Freitag (dem Wochentag, der von Venus regiert wird) zu sammeln. Legen Sie die Blätter in ein dreieckiges Taschentuch, das mit neun Knoten zusammengebunden wird, und plazieren Sie den Charm unter Ihrem Kissen, bevor Sie zu Bett gehen. (*Anmerkung*: Dieser Charm wird nicht wirken, wenn Sie vor dem nächsten Sonnenaufgang auch nur ein Wort sprechen.)

Pflücken Sie wildwachsende Schafgarbe auf einem Friedhof, und legen Sie sie nachts unter Ihr Kissen, dann wird Ihnen Ihr/e Geliebte/r im Traum erscheinen.

Schafgarben-Liebesvisions-Zauber

Um eine hellseherische Traumvision Ihres zukünftigen Geliebten zu empfangen, nähen Sie eine Unze Schafgarbenkraut in ein kleines Quadrat roten Flannels ein und legen es unter Ihr Kissen, bevor Sie zu Bett gehen. Schließen Sie die Augen, und rezitieren Sie folgende magischen Worte:

Du Kraut des Venusbaumes,
dein wahrer Name ist Schafgarbe.
Wer meine wahre Liebe sein soll,
bitte ich dich, mir morgen zu sagen.

Zauber für prophetische Träume

Um einen prophetischen Traum heraufzubeschwören, vollführen Sie diesen Zauber in einer Nacht bei Vollmond, wenn dieser im Zeichen Skorpion oder Wassermann steht. (Um gute Ergebnisse zu erzielen, ist es empfehlenswert, einen Tag zu fasten und nur Wasser zu trinken.)

Werfen Sie in einen Hexenkessel (oder einen großen Kessel) mit kochendem Wasser jeweils eine Prise weißen Sand, pulverisiertes Katzenauge (Edelstein) und etwas alten Kaminruß. Vermahlen und mischen Sie mit Mörser und Stößel eine kleine Menge Johanniskraut, Weihrauch, Aronstab und Alraunewurzel. Geben Sie drei Eßlöffel der zermahlenen Kräuter in den Kessel, und rühren Sie alles gründlich mit einem großen Holzlöffel um, während Sie folgenden magischen Reim aufsagen:

Johanniskraut bei Nacht gepflückt,
Weihrauch und weißer Sand,
Aronstab und Alraunewurzel,
pulverisiertes Katzenauge und Kaminruß
mische ich zusammen in diesem dampfenden Kessel,
um heraufzubeschwören einen prophetischen Traum.

Lassen Sie die magische Mischung einige Zeit brodeln, und nehmen Sie den Kessel dann vom Feuer.

Nachdem die Mischung abgekühlt ist, lassen Sie ein Bad ein und geben einige Tropfen des Gebräus in das Badewasser. Zünden Sie eine purpurrote Kerze an, und stellen Sie sie in die Nähe der Wanne. Ziehen Sie sich aus, und lassen Sie Ihren Körper in das entspannende Kräuterbad eintauchen, während Sie die Kerzenflamme fixieren. Öffnen Sie Ihr Herz und Ihren Geist für die Göttin, und singen Sie Ihren Namen entweder laut oder in Gedanken, bis Sie spüren, daß ihre göttliche Gegenwart in Sie eindringt.

Nach dem Bad hüllen Sie Ihren Körper in eine weiße oder purpurne Robe, versprengen ein wenig des Gebräus in einem Kreis um Ihr Bett mit den Worten:

Ich weihe diesen Traumkreis
im Namen der Göttin.
Gesegnet sei er!

Nun besprengen Sie Ihr Kissen mit der Mischung. Danach legen Sie sich schlafen. Vor Sonnenaufgang werden Sie einen oder mehrere prophetische Träume erfahren.

Kräuter der Traummagie

Die folgenden Kräuter werden traditionell von Hexen in magischen Traumkissen und Tränken zum Herbeiführen prophetischer Traumvisionen verwendet:

Alraunewurzel
Anis
Aronstab
Beifuß
Efeu
Eisenkraut
Gänseblümchen
Hopfen
Johanniskraut
Kampfer
Mistel
Odermennig
Pfefferminze
Portulak
Ringelblume
Rose
Schafgarbe
Schöllkraut (kleines)
Stechpalme
Verbena
Wermut
Zimt
Zitroneneisenkraut
Zwiebel

KAPITEL 11:

Pagane Zeitschriften

Dies ist eine aktuelle, alphabetische Liste von verschiedenen Newslettern und Zeitschriften aus den USA, die von Paganen und Hexen veröffentlicht werden oder für diese von Interesse sind.

Viele dieser Publikationen enthalten wichtige Wicca-Informationen, Zauber, Auszüge aus Sabbat-Ritualen, Informationen über Kräuter, Buchbesprechungen sowie Kontaktadressen für Paganen.

Wenn Sie eine der folgenden Zeitschriften wegen eines Probehefts anschreiben, teilen Sie bitte mit, daß Sie die Adresse aus diesem Buch entnommen haben. (*Wichtig*: Wenn Sie bei einer Zeitschrift oder einem Newsletter zusätzliche Informationen oder Publikationsmaterial anfordern, sollten Sie *immer* einen adressierten und ausreichend frankierten Rückumschlag beilegen.)

THE ANCIENT ARTS
Probeheft: $ 4.00
The Ancient Arts
P.O. Box 3127
Morgantown, WV 26505 – USA

ASYNJUR
Eine Zeitschrift über die nordischen Göttinnen
Probeheft: $ 3.00
Asynjur
P.O. Box 567
Granville, OH 43023 – USA

BEING
Eine Feier von Seele, Geist und Körper
Themen sind z. B. Geist/Gott/Göttin,
Fantasy/Schwert/Zauberer
Probeheft: $ 3.00
Being
P.O. Box 417
Oceanside, CA 92054 – USA

BELLADONNA
Probeheft: $ 4.00
Belladonna
P.O. Box 935
Simpsonville, SC 29681 – USA

THE CINCINNATI JOURNAL OF MAGICK
Probeheft: $ 6.00
Black Moon Publishing
P.O. Box 19469
Cincinnati, OH 45219–0469 – USA

COMPOST NEWSLETTER
Ein Magazin über Humor, Satire und schlechten Geschmack – sowohl innerhalb als auch außerhalb des Kults.
Probeheft: $ 2.00 (Schecks und Zahlungsanweisungen bitte ausstellen auf: V. Walker für CNL)
Compost Newsletter
729 5th Avenue
San Francisco, CA 94118 – USA

CONVERGING PATHS
Eine Paganenzeitschrift, die sich auf die traditionellen Wege des Wicca-Kults, seine Wurzeln und augenblicklichen Richtungen konzentriert.
Erscheint viermal jährlich.

Probeheft: $ 4.00 (USA/Canada); $ 6.00 für Europa (nur US-Währung oder internationale Zahlungsanweisung)
Converging Paths
P.O. Box 63
Mt. Horeb, WI 53572 – USA

DHARMA COMBAT
Ein unredigiertes, von Lesern geschriebenes Forum für Religion, Metaphysik und Spiritualität
Probeheft: $ 2.00
Dharma Combat
P.O. Box 20593
Sun Valley, NV 89433 – USA

FIREHEART
Eine Zeitschrift über Magie und spirituelle Transformation
Fireheart wird von der EarthSpirit Community herausgegeben, einem nationalen Netzwerk von Paganen und anderen erdzentrierten Menschen.
Probeheft: $ 4.00
FireHeart
P.O. Box 462
Maynard, MA 01754 – USA

GEORGIAN NEWSLETTER
Probeheft: $1 „und Geduld“
The Georgian Newsletter
1980 Verde
Bakersfield, CA 93304 – USA

GOLDEN ISIS MAGAZINE
Salems neopagane Vierteljahreszeitschrift für Magie, von der Göttin inspirierte Poesie, Astrologie, Wicca-News, mystische Paganenkunst, Buchbesprechungen,

Briefe, Anzeigen, Kontakte und vieles mehr.
Kostenloser Leitfaden für Schreibende und Okkult-Katalog für SASE.
Probeheft: $ 3.00; Jahresabonnement: $ 10.00
Golden Isis Magazine
G. Dunwich, Editor
7131 Owensmouth, Suite # C-66
Canoga Park, CA 91303 – USA

THE GREEN EGG
Das in den 70er Jahren erste Magazin für Neo-Paganismus ist zurückgekehrt mit einer interdisziplinären Schatztruhe: Schamanismus, Göttinnen-Wissen/Sagen/Überlieferungen, übersinnliche Entwicklung, Gaea und Umweltaktivismus, unterdrückte Geschichte, alternative Sexualität, plus einem unrezensierten Leserforum
Probeheft: $ 5.00
The Green Egg
P.O. Box 1542
Ukiah, CA 95482 – USA

HALLOWS
Die Vierteljahreszeitschrift des Grail Quest Wicca
Kontroverse Artikel, the(a)ologische Spekulationen und Buchbesprechungen für Paganen, die keine Angst vor Herausforderungen haben.
Kostenloses Probeheft
Hallows
c/o Keepers of the Cauldron
P.O. Box 1108
Glen Allen, VA 23060 – USA

K.A.M
Eine Zeitschrift über traditionelles Wicca
Probeheft: $ 3.00
K.A.M
P.O. Box 2513
Kensington, MD 20891 – USA

KELTERIA
Eine Zeitschrift über Druidentum und keltische Magie. Diese vierteljährlich erscheinende Zeitschrift fördert die druidische Bildung und Gemeinschaft durch Artikel über Theologie, Kräuterkunde, Rituale, Kunst, Musik und Philosophie.
Probeheft: $ 2.00
Kelteria
P.O. Box 33284
Minneapolis, MN 55433 – USA

LLEWELLYN NEW TIMES
Eine Zeitschrift/Katalog über Astrologie, Magie, Okkultismus, Natur-Spiritualität und New-Age-Bücher, Tonkassetten und Dienstleistungen. Buchbesprechungen, Artikel, Verkauf, Veranstaltungen, Kalender, Antwortkolumnen, Anzeigen.
Probeheft: $ 2.00
Llewellyn New Times
P.O. Box 64383
St. Paul, MN 55164 – USA

THE MAGICAL CONFLUENCE
Probeheft: $ 3.00
The Magical Confluence
P.O. Box 230111
St. Louis, MO 63123 – USA

THE MAGIC WAND
Eine Zeitschrift für seriös praktizierende Paganen. Magie, Steinkult, Kräuterkunde, Herstory, Einzelkult und vieles mehr!
Probeheft: $ 2.00 (8 Ausgaben für $ 8.00)
Magic Wand
P.O. Box 27164
Detroit, MI 48227 – USA

NORTHWIND NETWORK
Ein paganes Heft, das sich auf Göttinnen-Information, Rituale und Netzwerkarbeit konzentriert. Mitwirkung der Leser wird ermutigt.
Probeheft: $ 1.50
North Wind Network
Box 14902
Columbus, OH 43214 – USA

OF A LIKE MIND
Eine spirituelle Zeitung und ein Netzwerk für Frauen, mit dem Ziel, Frauen zusammenzubringen, die positiven Wegen zu spirituellem Wachstum folgen. Der Schwerpunkt liegt auf weiblicher Spiritualität, Göttin-Religion, Paganismus und unseren Erd-Bindungen aus feministischer Sicht.
Probeheft: $ 3.00
Of a Like Mind
Box 6021
Madison, WI 53716 – USA

PACIFIC CIRCLE NEWSLETTER
Kostenloses Probeheft
Pacific Circle Newsletter
P.O. Box 9513
North Hollywood, CA 91609 – USA

PAGAN FREE PRESS NEWSLETTER
Ein offenes Forum für positiven, durchführbaren Neo-Paganismus, Wicca, Schamanismus und Volksbrauchtum
Probeheft: $ 1.00
P.F.P.
P.O. Box 55223
Tulsa, OK 74155 – USA

PAGAN NUUS
Der Newsletter des Bündnisses der Unitarian Universalist Pagans. Artikel, Buch- und Filmbesprechungen, Graphiken, Poesie etc.
Probeheft: $ 1.00 – $ 2.00 („gleitende Preisskala")
Pagan Nuus
P.O. Box 640
Cambridge, MA 02140 – USA

PALLAS SOCIETY NEWS
Vierteljährlich erscheinendes, auf Kalifornien konzentriertes Kult/Paganen-Magazin mit Artikeln über verschiedene Wege, Kräuter, Buchbesprechungen, Rituale, nationale und südkalifornische Paganen/Kult-Neuigkeiten und vielem mehr. Leser-Input erwünscht.
Probeheft: $ 3.00
Pallas Society News
P.O. Box 18211
Encino, CA 91316 – USA

PANEGYRIA
Eine Zeitschrift der Aquarian Tabernacle Church. Erscheint achtmal jährlich zu den großen Feiertagen. Interessante Neuigkeiten für Paganen an der pazifischen Nordwestseite und darüber hinaus.
Senden Sie drei 25-Cent-Briefmarken ein, um ein Probeheft zu erhalten.

Panegyria
P.O. Box 85507 (Dept. GI)
Seattle, WA 98145 – USA
Telefon: 001/206/527–2426 (aufgezeichnete Mitteilungen über Paganismus)

THE ROWAN EXCHANGE

Ein vertraulicher Briefkontakt-Weiterleitungsdienst. The Rowan Exchange wurde gegründet, um es Paganen und Hexen zu ermöglichen, vertrauliche, private und geschützte Briefkontakte mit anderen Paganen und Hexen zu pflegen.
Probeheft: $ 3.00 (USA und Kanada); $ 4.00 für Europa (nur US-Währung oder internationale Zahlungsanweisung)
The Rowan Exchange
P.O. Box 63
Mt. Horeb, WI 53572 – USA

TGG: INTERNATIONAL JOURNAL OF CRYSTAL ENLIGHTMENT

Eine Vierteljahreszeitschrift über Zauber, Runen, Schamanismus, Kontakte und mehr!
Probeheft: $ 5.00
TGG
c/o Unicorn Coven
P.O. Box 219
Galveston, IN 46932 – USA

UNKNOWN NEWSLETTER

Über verschiedene unerklärte Phänomene, UFOs und Hexenkult
Probeheft: $ 2.00
Unknown Newsletter
c/o Luna Ventures
P.O. Box 398
Suisun, CA 94585–0398 – USA

THE WINGED CHARIOT

Ein Newsletter, der sich dem Tarot widmet.
Probeheft: $ 2.00; Jahresabonnement $ 10.00
The Winged Chariot
c/o Tracey Hoover
P.O. Box 1718
Milwaukee, WI 53201 – USA

THE WITCH'S PAGE

Probeheft: $ 1.00
The Witch's Page
160 Carriage Lane
Chicago Heights, IL 60411 – USA

YGGDRASIL

Eine Vierteljahreszeitschrift über heidnische Magie und Kultur
Probeheft: $ 2.00; Jahresabonnement: $ 6.00
Yggdrasil
537 Jones Street (# 165)
San Francisco, CA 94102–2007 – USA

Über die Autorin

Gerina Dunwich wurde am 27. Dezember 1959 unter dem Sternzeichen Steinbock mit dem Aszendenten Stier geboren. Sie ist eine allein praktizierende Hexe, Katzenliebhaberin, Dichterin, professionelle Astrologin, Hexenkulthistorikerin und Studentin der okkulten Künste.

Sie hat viele Zeitungs- und Zeitschriftenartikel geschrieben und ist Autorin zahlreicher Bücher, u. a. *Candlelight Spells, The Magick of Candleburning, The Concise Lexicon of the Occult* (alle erhältlich als Paperback-Ausgaben bei Citadel Press) sowie *Circle of Shadows* (erhältlich bei Golden Isis Press. Adresse siehe Kapitel: Pagane Zeitschriften). In Radio-Talkshows in den Vereinigten Staaten und Kanada war sie zu hören, und ihre von der Göttin inspirierte Poesie wurde in vielen paganen Zeitschriften und Newslettern veröffentlicht.

Gerina Dunwich ist Mitglied des Beraterausschusses des Amerikanischen Bibliographischen Instituts und in mehreren Nachschlagewerken aufgelistet u. a. in *Who's Who in the East, Personalities of America, Who's Who of Emerging Leaders in America* sowie *Crossroads: A Who's Who of the Magickal Community*.

Gerina Dunwich lebt zur Zeit in Upstate New York, wo sie *Golden Isis,* ein Wicca-Journal für Poesie und pagane Kunst herausgibt.

Literaturverzeichnis

Adler, Margot: *Drawing Down the Moon*. Beacon Press, Boston, MA, 1979.

Beyerl, Paul: *The Master Book of Herbalism*. Phoenix Publishing Inc., Custer, WA, 1984.

Bricklin, Mark (editor): *The Practical Encyclopedia of Natural Healing*. Rodale Press, Emmaus, PA, 1976.

Buchman, Dian Dincin: *Herbal Medicine*. Gramercy Publishing Company, New York, NY, 1980.

Buckland, Raymond: *Buckland's Complete Book of Witchcraft*. Llewellyn Publications, St. Paul, MN, 1986.

Crowther, Arnold und Patricia Crowther: *The Secrets of Ancient Witchcraft*. Citadel Press, Secaucus, NJ, 1974.

Drury, Nevill und Gregory, Tullett: *Geheimlehren. Okkultes Wissen der Welt*. Falken-Verlag 1996.

Farrar, Janet und Steward Farrar: *Acht Sabbate für Hexen. Und Riten für Geburt, Heirat und Tod*. Bachmeier-Verlag, 1994.

Fitch, Ed und Janine Renee: *Magical Rites From the Crystal Well*. Llewellyn Publications, St. Paul, MN, 1984.

Gordon, Lesley: *Green Magic*. Viking Press, New York, NY, 1977.

Hylton, William H. (editor): *The Rodale Herb Book*. Rodale Press, Emmaus, PA, 1974.

Leach, Maria und Jerome Fried: *Funk and Wagnells Standard Dictionary of Folklore, Mythology, and Legend*. Harper & Row, New York, NY, paperback edition 1984.

Lust, John: *The Herb Book*. Bantam Books, New York, NY, 1974.

Morwyn: *Secrets of a Witch's Coven*. Whitford Press, West Chester, PA, 1988.

Slater, Herman, editor: *A Book of Pagan Rituals*. Samuel Weiser, York Beach, ME, 1978.

Stichwortverzeichnis